Physikalische Denksportaufgaben

Doris Samm

Heinrich Hemme

Ernst Klett Verlag
Stuttgart Leipzig

1. Auflage

Alle Drucke dieser Auflage sind unverändert und können im Unterricht nebeneinander verwendet werden. Die letzte Zahl bezeichnet das Jahr des Druckes.
Das Werk und seine Teile sind urheberrechtlich geschützt. Jede Nutzung in anderen als den gesetzlich zugelassenen Fällen bedarf der vorherigen schriftlichen Einwilligung des Verlages. Hinweis § 52 a UrhG: Weder das Werk noch seine Teile dürfen ohne eine solche Einwilligung eingescannt und in ein Netzwerk eingestellt werden. Dies gilt auch für Intranets von Schulen und sonstigen Bildungseinrichtungen. Fotomechanische oder andere Wiedergabeverfahren nur mit Genehmigung des Verlages.

© Ernst Klett Verlag GmbH, Stuttgart 2004. Alle Rechte vorbehalten. www.klett.de

Einbandgestaltung: Ernst Klett Verlag unter Verwendung folgender Fotos:
Fotosearch RF, (Digital Vision, RF), Waukesha, WI; Getty Images, (Photographer's Choice / Sylvain Grandadam), München;
Getty Images, (Stone / Clarissa Leahy), München; Getty Images RF, (Photodisc Grün / StockTrek), München.
Grafiken: Jörg Mair, München.
Reproduktion: Meyle + Müller, Medien-Management, Pforzheim.
Druck: Bosch-Druck GmbH, Ergolding
Printed in Germany.
ISBN: 978-3-12-772531-5

Vorwort

Es gibt viele Sammlungen mit unzähligen Physikaufgaben. In der Regel klingen die Probleme in diesen Büchern etwa so: Ein Stein wird aus einer Höhe $h = 2{,}30\,\text{m}$ mit einer Anfangsgeschwindigkeit $v_0 = 12\,\text{m/s}$ senkrecht nach oben geworfen. Nach welcher Zeit t fällt er zu Boden? So wichtig es in der Schule auch sein mag, dass Schülerinnen und Schüler diese Art von Aufgaben zu lösen lernen, so fördern sie das physikalische Denkvermögen doch nur wenig. Schwächere Schüler bearbeiten eine solche Aufgabe häufig mit folgender Methode: Man nehme eine Formelsammlung und durchsuche sie nach einer Formel, in der die Symbole h, v_0 und t vorkommen, und in diese Formel setze man dann die gegebenen Zahlen ein. Dass auf diese Weise ein physikalisches Verständnis entsteht, ist wohl kaum zu erwarten. Dazu kommt noch, dass die meisten Schülerinnen und Schüler diese Aufgaben als gähnend langweilig empfinden. Wen interessiert es schon, wie lange ein Stein in der Luft ist?

Die Probleme in diesem Buch haben einen völlig anderen Charakter. Da gibt es Fliegen, die einen fahrenden Lastwagen zum Stillstand bringen können, Licht, das sich mit mehrfacher Lichtgeschwindigkeit bewegt, Luftballons, die sich gegenseitig aufblasen und noch viele andere Kuriositäten. Die Aufgaben sind in kleine Alltagsgeschichten gekleidet, und es gibt nichts zu berechnen. Es tauchen so gut wie keine Zahlen und Formelzeichen auf, und Taschenrechner und Formelsammlungen sind wertlos. Eine schematische Bearbeitung ist immer unmöglich. Nur ein einziger Weg führt zur Lösung: Man muss sehr sorgfältig über die Physik nachdenken, und bekommt dann zur Belohnung ein Aha-Erlebnis. Doch selbst wenn man eine Aufgabe nicht oder falsch löst, muss man nicht auf das Aha-Erlebnis verzichten, denn es gibt zu jeder Aufgabe eine ausführliche Lösung im Lösungsteil des Buches.

Wir wünschen Ihnen Spaß beim physikalischen Denksport.

Aachen, November 2003

Doris Samm
Heinrich Hemme

Inhaltsverzeichnis

Alles rennet, rettet, flüchtet – Probleme aus der Kinematik
Aufgaben 1–9 5
Lösungshinweise 1–9 26
Lösungen 1–9 34

Wo rohe Kräfte sinnlos walten – Probleme aus der Dynamik
Aufgaben 10–19 7
Lösungshinweise 10–19 26
Lösungen 10–19 37

Und dreht um die schnurrende Spindel den Faden – Probleme zu Drehbewegungen
Aufgaben 20–26 9
Lösungshinweise 20–26 27
Lösungen 20–26 39

Schwingt den Hammer, schwingt – Probleme zum Impuls und zur Energie
Aufgaben 27–32 11
Lösungshinweise 27–32 28
Lösungen 27–32 42

Und grenzen an die Sternenwelt – Probleme über Gravitation und Himmelskörper
Aufgaben 33–44 13
Lösungshinweise 33–44 28
Lösungen 33–44 43

Fließe nach der rechten Weise – Probleme zu Gasen und Flüssigkeiten
Aufgaben 45–53 15
Lösungshinweise 45–53 29
Lösungen 45–53 46

Kocht des Kupfers Brei – Probleme aus der Thermodynamik
Aufgaben 54–70 17
Lösungshinweise 54–70 30
Lösungen 54–70 48

Taghell ist die Nacht gelichtet – Probleme aus der Optik
Aufgaben 71–79 20
Lösungshinweise 71–79 31
Lösungen 71–79 52

Rein und voll die Stimme schalle – Probleme aus der Akustik
Aufgaben 80–84 21
Lösungshinweise 80–84 31
Lösungen 80–84 55

Weicht der Mensch der Götterstärke – Probleme aus der Elektrodynamik
Aufgaben 85–88 22
Lösungshinweise 85–88 32
Lösungen 85–88 57

Die Jahre fliehen pfeilgeschwind – Probleme aus der Speziellen Relativitätstheorie
Aufgaben 89–92 23
Lösungshinweise 89–92 32
Lösungen 89–92 58

Schält sich der metallne Kern – Probleme aus der Atom- und Kernphysik
Aufgaben 93–96 24
Lösungshinweise 93–96 33
Lösungen 93–96 60

Aufgaben

Alles rennet, rettet, flüchtet – Probleme aus der Kinematik

1. Superfliege

Willi Wuchtig fährt mit seinem Lastwagen mit 100 km/h über die A1 nach Norden. Am Kamener Kreuz kommt ihm plötzlich eine Fliege mit 5 km/h entgegen, klatscht auf die Windschutzscheibe und bleibt als roter Fleck auf dem Glas kleben.

„Die Fliege flog mit 5 km/h nach Süden", überlegt Wuchtig. „Seit ihrem Tod klebt sie auf meiner Windschutzscheibe und fährt nun mit einer Geschwindigkeit von 100 km/h nach Norden. Weil die Natur bekanntlich keine Sprünge macht, muss während des winzig kleinen Augenblicks des Aufklatschens auf die Scheibe die Fliege ihre Geschwindigkeit nach Süden von 5 km/h auf 0 km/h abgebremst und dann auf 100 km/h in Richtung Norden wieder beschleunigt haben. Es gab also einen extrem kurzen Moment, in dem die Fliege die Geschwindigkeit 0 km/h hatte und deshalb still stand. Da die Fliege dabei aber auf der Windschutzscheibe klebte, müssen sie und der Lastwagen die gleiche Geschwindigkeit gehabt haben. Folglich stand auch der Lastwagen einen Moment lang still."

War die Fliege wirklich so stark, dass sie den Lastwagen für einen Augenblick zum Stillstand bringen konnte, oder steckt ein Fehler in Willi Wuchtigs Überlegungen?

2. Schnelle Reaktionszeiten

In Kinzweiler findet ein Sportfest statt. Das ganze Dorf macht mit, vorwiegend natürlich als Zuschauer. Werner hat sich breitschlagen lassen, beim 100-Meter-Lauf mitzumachen. Da er ziemlich schnell ist, sieht er gute Chancen, den Lauf zu gewinnen.

Seine Enttäuschung ist groß, als ihm die äußerste Bahn zugelost wird, 10 m entfernt von der innersten Bahn. Es kommt so, wie es kommen musste, er wird mit einem Zeitrückstand von einer hundertstel Sekunde zum Sieger nur Zweiter. Trotzdem fühlt sich Werner als der eigentliche Sieger. Schließlich lief der Siegläufer auf der innersten Bahn und startete direkt neben der Stelle, an der der Startschuss abgegeben wurde.

Fühlt sich Werner zu Recht als der schnellere Läufer?

3. Die geknickte Rutsche

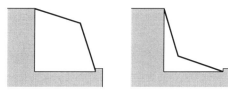

Karl ist in ein schickes Haus aus dem 19. Jahrhundert gezogen. Leider hat es keine Zentralheizung, sondern nur Öfen im Wohnzimmer und in der Küche. Deshalb hat er sich eine Ladung Briketts bestellt. Doch der Kohlenhändler hat sie nicht in den Keller geschleppt, sondern nur in den Vorgarten gekippt.

„Ist doch kein Problem", sagte Karls Freund Rudi. „Ich helfe dir." Sie finden im Keller zwei breite und gleichlange Bretter, die durch ein Scharnier miteinander verbunden sind. „Das ist die ideale Rutsche für die Briketts", meint Rudi. Leider ist der Lichtschacht vor dem Kellerfenster etwas eng, so dass das Brett nur abgeknickt dort hineinpasst.

„Müssen wir die Bretter nach außen oder nach innen knicken, damit die Briketts möglichst schnell in den Keller rutschen?", überlegt Karl. „Das spielt keine Rolle", sagt Rudi.

Was meinen Sie?

4. Die Lastenrollen

Sinuhe ist Aufseher beim Bau der Cheopspyramide. Da das Rad noch nicht erfunden worden ist, muss seine Gruppe die riesigen Steinblöcke, aus denen die Pyramide gebaut wird, auf Rollen aus Baumstämmen transportieren. Dazu wird jeder Stein von den Arbeitern auf eine Reihe gleichdicker, nebeneinanderliegender Baumstämme gewuchtet und dann durch Schieben und Ziehen mit den Stämmen zur Baustelle gerollt.

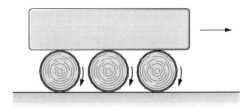

Wie weit wird die Last vorangebwegt, wenn die Stämme, die einen Durchmesser von einer Elle haben, sich einmal um die eigene Achse gedreht haben?

5. Spuren im Schnee

Es ist Winter und gerader frischer Schnee gefallen. Onkel Fritz ruft die Zwillinge Max und Moritz ins Haus, doch nur Max kommt. „Wo ist dein Bruder?", fragt Onkel Fritz. „Er fuhr gerade mit seinem Fahrrad hinter dem Haus her", erwidert Max. Onkel Fritz geht hinaus und sieht die Fahrradspuren, die Moritz hinterlassen hat und möchte hinter ihm her laufen. Aber in welche Richtung ist Moritz gefahren? Man kann am Abdruck des Reifenprofils und an der Eindrucktiefe nicht erkennen, welche Spur zum Vorderrad und welche zum Hinterrad gehört und in welche Richtung das Rad fuhr.
Können Sie die Fahrtrichtung dennoch herausbekommen?

6. Schneller als der Wind

Rudi hat sich ein Eisboot und schicke Sportkleidung gekauft und dann einen zweitägigen Eissegelkurs mitgemacht. „Im nächsten Jahr mache ich bei den Landesmeisterschaften mit", teilt Rudi seiner Freundin großspurig mit. „Ich denke, meine Chancen den ersten Platz zu erreichen, sind nicht schlecht." Als seine Freundin nichts darauf erwidert, fährt er fort: „Am zweiten Tag des Kurses konnte ich schon schneller segeln als mein Eissegellehrer. Ja, ich war sogar schneller als der Wind."

„Nun übertreibst du aber doch", sagt Susi. „Da dein einziger Antrieb beim Eissegeln der Wind war, kannst du doch unmöglich schneller als der Wind gewesen sein."
Stimmt das?

7. Bewegung von Zügen

Marie ist im Zug eingenickt. Mitten auf der Strecke von Köln nach Aachen wacht sie auf und bemerkt, dass der Zug hält. „Mist!", denkt sie, „ich werde mich mal wieder verspäten", und schaut etwas verschlafen auf den Zug, der auf dem Nachbargleis steht. Doch sie hat Glück, es kommt Bewegung ins Spiel, ihr Zug entfernt sich vom Nachbarzug.
Leider verspätet sich Marie auch an diesem Tag. Sie hat die Situation falsch eingeschätzt. Nicht ihr Zug, sondern der Nachbarzug ist weitergefahren.
Welcher Täuschung ist Marie aufgesessen?

8. Die verlorene Weinflasche

Rudi macht mit seinem knallroten Gummiboot eine Tagestour auf der Vechte. Gemächlich paddelt er mit 3 km/h flussaufwärts. Mittags rastet er an einem kleinen Steg, isst seinen Kartoffelsalat und trinkt dazu eine halbe Flasche Rotwein. Dann steigt er wieder in sein Boot. Da Rudi nicht mehr ganz nüchtern ist, bemerkt er nicht, dass dabei seine Weinflasche ins Wasser fällt und flussabwärts treibt.

Erst nachdem er wieder eine halbe Stunde unterwegs ist und einen Schluck trinken möchte, fällt es ihm auf. Rudi wendet sofort sein Boot, paddelt mit 7 km/h flussabwärts und holt auch tatsächlich nach einiger Zeit seine Flasche ein. Ohne dass ein einziger Tropfen Wasser in sie eingedrungen ist, kann er sie wieder aus dem Wasser fischen.

Angenommen, die Vechte hat eine Fließgeschwindigkeit von 2 km/h. Wie lange trieb dann die Weinflasche im Wasser?

9. Der Flug des Phönix

„Ich fliege mit dem Phönix seit Jahren die Strecke von London nach Berlin und zurück", erzählt Captain Towns auf Rudis Grillabend. „Aus reiner Gewohnheit fliege ich immer mit der gleichen Geschwindigkeit, natürlich relativ zur Luft gemessen." „Was meinen Sie mit ‚relativ zur Luft'?", fragt Rudi. „Das bedeutet, der Geschwindigkeitsunterschied zwischen dem Phönix und der Luft ist immer gleich. Bei Windstille sind die Geschwindigkeiten des Phönix relativ zur Luft und relativ zum Boden gleich. Bei Gegenwind und bei Rückenwind hingegen muss man die Windgeschwindigkeit zur Fluggeschwindigkeit relativ zur Luft addieren bzw. subtrahieren, um die Fluggeschwindigkeit relativ zum Boden zu erhalten."

„Wann dauert ein Flug von London nach Berlin und zurück denn länger, wenn Windstille herrscht, oder wenn Sie auf dem Hinweg Rückenwind und auf dem Rückflug Gegenwind haben?", will Susi wissen. „Natürlich vorausgesetzt, dass der Wind immer mit konstanter Geschwindigkeit und aus gleicher Richtung bläst."

Wissen Sie es?

Wo rohe Kräfte sinnlos walten – Probleme aus der Dynamik

10. Geschwindigkeit und Schiffe

Endlich hat sich Werner seinen Traum vom eigenen Segelschiff erfüllt. Stolz zeigt er Luise seine neue Errungenschaft und lädt sie zu einer kleinen Spritztour ein. Die Winde sind gut, und sie sind schnell auf offener See. Plötzlich kommt dichter Nebel auf. Werner beschließt sofort, zum Heimathafen zurück zu fahren. Zum Glück ist das Schiff mit einem Motor ausgestattet, launige Windrichtungen bleiben deshalb ohne Einfluss. Auch gibt es keine Meeresströmungen.

Da die Rückfahrt ein wenig langweilig ist, beschäftigt sich Werner mit der Frage, wie schnell sein Boot ist. Man kann weder Land noch Himmel sehen. Werner hat somit keinerlei Referenzpunkte. Außerdem ist das Satellitennavigationssystem noch nicht in Betrieb.

Werners Grübeln ist erfolgreich. Er hat eine geniale Idee: Man lässt vom obersten Punkt des Schiffsmastes eine Kugel fallen. Das Schiff bewegt sich unter der fallenden Kugel hinweg, und aus der Differenz zwischen Abwurfpunkt der Kugel und Auftreffpunkt auf dem Schiffsdeck kann er die Geschwindigkeit des Schiffs bestimmen.

Natürlich soll Luise die unangenehme Aufgabe übernehmen, die Kugel vom Schiffsmast fallen zu lassen. In ihrer Not sagt sie, dass Werners Idee völliger Quatsch ist. Mit Hilfe der fallenden Kugel kann man nicht die Geschwindigkeit des Schiffs bestimmen.

Wer hat Recht, Werner oder Luise?

11. Das knallrote Gummiboot

Rudi hat seine Freundin zu einer romantischen Fahrt auf dem Vechtesee eingeladen. Sein knallrotes Gummiboot schwimmt auf dem See und ist mit einer langen Leine am Steilufer festgemacht. Der Wind hat das Boot ein Stück weit auf den See getrieben, so dass die Leine nun straff gespannt ist. Hand über Hand zieht Rudi mit gleichmäßigen Zügen das Boot ans Ufer, so dass das Seil mit konstanter Geschwindigkeit eingeholt wird.

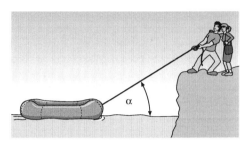

„Das Boot kann sich nur horizontal bewegen. Schließt das Seil mit der Wasseroberfläche einen Winkel α ein, so ist die Bootsgeschwindigkeit nur die Horizontalkomponente der Seilgeschwindigkeit v. Das Boot hat also nur die Geschwindigkeit $v \cdot \cos\alpha$", belehrt Rudi seine Freundin.
„Hmm", erwidert Susi nachdenklich. „Je näher das Boot ans Ufer kommt, umso größer wird der Winkel α und umso kleiner $\cos\alpha$. Wenn du also Recht hättest, müsste das Boot beim Näherkommen immer langsamer werden, doch wie du siehst, wird es immer schneller."
Was stimmt hier nicht?

12. Hilfspakete

Luise ist bereit, endlich den Gedanken Taten folgen zu lassen. Sie weiß, dass viele Menschen Not leiden und will sich an einer Hilfspaketeaktion beteiligen. Die Aktion besteht darin, dass Lebensmittel in Gebiete hungernder Menschen gebracht werden sollen.
Leider sind diese Gegenden unzugänglich, und man kann nur durch Abwurf aus einem Flugzeug die Hilfsgüter an ihren Zielort bringen.
Luise macht sich darüber Gedanken, ob das Flugzeug seine Hilfsgüter lieber vor dem Ziel, direkt über dem Ziel oder besser hinter dem Ziel fallen lassen soll.
Wo muss man die Pakete abwerfen, damit man sicher ist, dass sie ihr Ziel erreichen?

13. Der fallende Eimer

Rudi und Karl stehen auf dem Flachdach von Karls Haus. Sie haben den Schornstein repariert, aus dem der Sturm einige Steine gerissen hatte und waschen nun die Mörtelreste ab. „Fertig!", sagt Rudi schließlich. „Den Eimer mit dem Wasser schleppen wir nicht mit hinunter, sondern wir lassen ihn einfach vom Dach auf den Rasen fallen." „Einverstanden", sagt Karl. „Ich trage das Werkzeug, wenn du mir folgende Frage richtig beantwortest. Falls aber die Antwort falsch ist, so schleppst du es hinunter." Rudi nickt, und Karl fährt fort: „Wenn ich einen Korken am Boden des mit Wasser gefüllten Eimers befestige und sich der Korken genau in dem Moment löst, in dem ich den Eimer vom Dach fallen lasse, was passiert dann mit dem Korken während des Falls?"
Wissen Sie es?

14. Der Bierkrug am Faden

Rudi und Karl sitzen in ihrer Stammkneipe schweigend beim Bier. Da lässt sich Karl vom Wirt einen dünnen Faden geben. Dann steigt er auf einen Barhocker und bindet das obere Ende des Fadens an einen Deckenhacken. Anschließend befestigt er in der Mitte des herabhängenden Fadens einen Bierkrug.
„Mein lieber Rudi", sagt Karl, „ich wette mit dir um eine Runde Bier, dass du nicht weißt, ob der Faden oberhalb oder unterhalb des Kruges reißt, wenn ich an seinem unteren Ende ziehe."
Was sollte Rudi antworten, um nicht die Runde Bier bezahlen zu müssen?

15. Reißende Leinen

Rudi ist mit seiner Freundin in seinem knallroten Gummiboot über den Vechtesee gerudert. Nun ist es Abend, und Rudi macht sein Boot mit einer dünnen Leine am Steg fest. Er will gerade den Steg verlassen, als eine starke Windböe an dem Boot zerrt. Die Leine reißt, und Rudi kann im letzten Moment noch das Ende der Leine greifen und sein Boot retten, bevor es hinaustreibt. „Ich brauche eine dickere Leine, damit dies nicht noch einmal passiert", sagt Rudi. „Brauchst du nicht", meint Susi. „Nimm einfach die gleiche Leine, aber mache sie doppelt so lang. Dann hält sie solche Kraftstöße auch länger aus."
Kann dies stimmen?

16. Rudi tritt Selma

Rudi hatte eine schwere Nacht. Entsprechend schlecht gelaunt sitzt er am Frühstückstisch. Katze Selma, egoistisch wie sie ist, will trotzdem ihren Spieltrieb ausleben und rast direkt auf Rudi zu. Ärgerlich versetzt Rudi ihr einen Tritt in die Seite. Obwohl eigentlich noch viel zu müde, beobachtet er Selmas Bewegung und stellt erstaunt fest, dass die Katze nach dem Tritt weiterhin gleich schnell ist.
Er grübelt: „Ich habe Selma einen Stoß versetzt. Dieser Stoß ist, wie jede Kraft, Ursache für eine Beschleunigung. Wenn eine Beschleunigung auftritt, muss sich die Geschwindigkeit ändern. Dann darf Selma nach dem Stoß nicht dieselbe Geschwindigkeit haben wie vor dem Stoß."
Können Sie Rudi bei seinen Überlegungen helfen und das Rätsel auflösen?

17. Das Autorennen

Lehrer Lämpel hat auf seinem Pult nebeneinander im gleichen Abstand zur Kante zwei völlig gleiche Spielzeugautos gestellt. An beiden Autos ist jeweils ein Faden befestigt, der über eine Rolle an der Pultkante nach unten hängt. Auch Reibungseffekte und Fadenlängen sind bei beiden Autos völlig gleich.

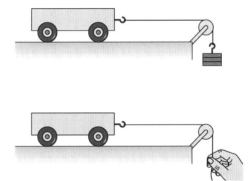

An dem Faden des einen Autos hängt ein Gewichtsstück von 1 kg Masse. Es übt über den Faden seine Gewichtskraft von
$F_G = m \cdot g = 1\,\text{kg} \cdot 9{,}81\,\text{m/s}^2 = 9{,}81\,\text{N}$ auf das Auto aus und beschleunigt es dadurch.
An dem Faden des anderen Autos zieht Lehrer Lämpel mit seiner Hand mit einer konstanten Kraft von 9,81 N. Auch dieses Auto wird somit beschleunigt.
Wenn beide Autos genau gleichzeitig starten, welches erreicht dann zuerst die Pultkante?

18. Tödliche Beschleunigungen

Rudi hat seine Freundin zu einer Spazierfahrt mit seinem neuen Porsche eingeladen. „Der Wagen hat eine irre Beschleunigung", sagt Rudi. „Sei bloß vorsichtig", ermahnt ihn Susi. „Ich habe heute Morgen in der Zeitung gelesen, dass der Mensch eine sechsfache Erdbeschleunigung nur 200 Sekunden, eine achtfache nur 60 Sekunden, eine fünfzehnfache nur fünf Sekunden und eine dreißigfache nur eine Sekunde lang überlebt." „Das ist doch Unsinn. Beschleunigungen spürt man überhaupt nicht", sagt Rudi. „Ein Mensch, der aus einem Flugzeug abspringt, wird mit der Erdbeschleunigung $g = 9{,}81\,\text{m/s}^2$ beschleunigt. Dennoch ist er schwerelos. Hätte die Erde die Masse und Größe der Sonne, so wäre die Gravitationsbeschleunigung etwa dreißigmal so groß wie jetzt. Ein aus einem Flugzeug abspringender Mensch würde mit $30\,g$ beschleunigt werden, und er wäre trotzdem schwerelos und würde nichts von dieser Beschleunigung spüren. Auch eine tausendfache Erdbeschleunigung ist nicht tödlich."
Hat Rudi Recht?

19. Die Federwaage

Lehrer Lämpel hat ein Gewichtsstück gefunden, von dem er nicht weiß, wie schwer es ist. Er geht in das Physiklabor, um sich seine Federwaage zu holen. Da entdeckt er, dass seine Schüler ihm einen Streich gespielt haben. Sie haben die Federwaage mit dem oberen Ende an einen Haken an der Decke gehängt und an das untere Ende einen Faden gebunden, den sie am Fußboden befestigt und so stramm gespannt haben, dass die Waage genau 100 N anzeigt.
„Wenn ihr glaubt, ihr könnt mich damit ärgern, dann habt ihr euch geirrt", denkt Lehrer Lämpel. „Ich kann auch so mit der Waage wägen." Dann steigt er auf einen Stuhl und hängt sein Gewichtsstück an die Federwaage, ohne vorher den Faden zu lösen.
Angenommen, das Gewichtsstück wiegt 50 N, was zeigt dann die Federwaage an?

Und dreht um die schnurrende Spindel den Faden – Probleme zu Drehbewegungen

20. Der kippende Klotz

Rudi besucht seine Freundin Susi, die gerade mit zwei Bauklötzen ihres kleinen Bruders spielt. „Schau dir das einmal an", sagt Susi. „Den Würfel kann ich mit jeder seiner sechs Seiten auf den Tisch legen, und er bleibt dann auch genauso liegen und rührt sich nicht vom Fleck." Sie stellt den Holzwürfel vor Rudi auf den Tisch. „Dieser Quader mit den beiden

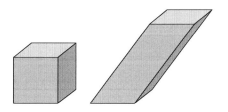

abgeschrägten Stirnseiten bleibt nur auf vier Seiten stabil liegen, wenn ich ihn auf den Tisch lege. Stelle ich ihn aber auf eine der beiden Stirnseiten, so kippt er sofort um."
„Das ist doch noch gar nichts!", sagt Rudi. „Ich habe zu Hause einen Klotz, der hat keine einzige stabile Seite. Ganz egal, auf welche Seite ich ihn stelle, er kippt sofort um."
Angenommen, Rudis Klotz ist ein homogenes Polyeder ohne Hohlräume. Wie könnte es aussehen?

21. Schieben oder Ziehen?

Rudi hat die Büsche und Bäume in seinem Garten beschnitten und bringt nun das Schnittholz mit einem Handkarren zum städtischen Kompostplatz. Der Karren ist voll beladen und schwer, und Rudi hat große Mühe ihn zu schieben. „Warum ziehst du den Karren nicht?", fragt ihn Karl, der zufällig vorbeikommt. „Das wäre doch weniger kraftaufwändig." Stimmt das?

22. Brote landen immer auf der Marmeladenseite

So ein Mist! Werner hat einen wichtigen Termin und ausgerechnet heute verschlafen. Schnell Kaffee gekocht, Marmeladenbrot geschmiert und nichts wie weg! Doch in der Hektik schiebt er mit seinem Ellenbogen das Marmeladenbrot über den Tisch. Es kippt über die Kante und landet auf dem Boden mit – wie könnte es anders sein – der Marmeladenseite nach unten. Nun ist es ungenießbar.

Werner ist das schon öfters passiert, und mit konsequenter Bosheit war sein Brot immer auf der Marmeladenseite gelandet.
Steckt dahinter nur ein Zufall oder hat es einen physikalischen Grund?

23. Der Riementrieb

Rudi hat sich einen Kachelofen in sein Wohnzimmer bauen lassen und will nun im Winter mit Holz heizen. Von einem Förster hat er sich ein Dutzend Baumstämme in den Garten bringen lassen, die er nun zerkleinern muss. Da Rudi ein begabter Heimwerker ist, hat er sich  selbst eine Kreissäge gebaut, die über einen Riemen und zwei Rollen von einem alten Waschmaschinenmotor angetrieben wird. Die Achsen der beiden Rollen liegen auf gleicher Höhe. In der Skizze ist die linke Rolle mit dem Motor und die rechte mit dem Sägeblatt gekoppelt. Wie herum sollten sich die Rollen drehen, damit eine möglichst große Kraft vom Motor auf das Sägeblatt übertragen wird? Oder spielt der Drehsinn dabei gar keine Rolle?

24. Die Garnrolle

„Verflixt!", schimpft Frau Emsig. Ihr ist beim Annähen eines abgerissenen Knopfes die Garnrolle vom Schoß gefallen und unter das Sofa gerollt. Glücklicherweise hat sich dabei der Faden ein Stück von der Rolle abgewickelt, und das Ende schaut unter dem Sofa hervor. „Schwein gehabt!", denkt Frau Emsig und versucht, die Rolle an dem Faden unter dem Sofa wieder hervorzuziehen. Wird ihr das gelingen?

25. Die Schnur am Fahrrad

Max und Moritz haben auf dem Dachboden ihres Onkels ein uraltes Fahrrad gefunden. Es hat keine Gangschaltung, keinen Freilauf und keine Rücktrittbremse. Die Zwillinge könnten also, wenn sie möchten, mit dem Rad rückwärts fahren, indem sie die Pedale gegen den gewöhnlichen Drehsinn treten.

Nachdem sie das Rad in den Hof getragen haben, bindet Max an eines der beiden Pedale eine Schnur, stellt es senkrecht nach unten und bittet Moritz, das Fahrrad locker am Sattel festzuhalten, so dass es nicht umkippen kann. Dann fragt er seinen Bruder: „Wenn ich jetzt das Pedal an der Schnur nach hinten ziehe, in welche Richtung rollt das Rad?" Wissen Sie es?

26. Schneller als der freie Fall

Karl hat eine einfache Maschine gebaut, mit der er Rudi zu beweisen versucht, dass beim freien Fall die Beschleunigung auch größer als die Erdbeschleunigung sein kann. Die Maschine besteht aus einer ungefähr einem Meter langen Holzlatte. Etwa 5 cm von einem Ende der Latte entfernt hat Karl einen Joghurtbecher geklebt, dessen Rand er vorher bis auf 3 cm Höhe abgeschnitten hat.
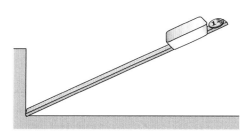
„Nun werde ich dir meinen Beweis vorführen", sagt Karl. Er legt die Latte so auf den Boden, dass das freie Ende eine Wand berührt. Dann legt er eine Münze zwischen dem Joghurtbecher und dem anderen Ende auf die Latte, nimmt dieses Ende samt Münze zwischen Daumen und Zeigefinger und hebt die Latte soweit an, dass sie einen Winkel von etwa 30° mit dem Boden einschließt. Dann lässt er Latte und Münze fallen. „Schau dir das an", sagt er zu Rudi. „Die Münze liegt in dem Joghurtbecher. Wären Latte und Münze gleich beschleunigt worden, hätte die Münze während des gesamten Falls auf der Latte gelegen und nicht über den Rand des Bechers gelangen können. Da die Münze mit der Erdbeschleunigung von $g = 9{,}81\,\text{m/s}^2$ zu Boden gefallen ist und sie dennoch in den Becher gelangt ist, muss die Latte stärker als mit g beschleunigt worden sein." „Das liegt an der Luftreibung", meint Rudi. „Nein", erwidert Karl, „meine Maschine hätte im Vakuum das gleiche Ergebnis geliefert."
Wie kann man das Verhalten von Karls Maschine erklären?

Schwingt den Hammer, schwingt – Probleme zum Impuls und zur Energie

27. Das Billardspiel

Rudi und Karl spielen Billard. Rudi stößt mit dem Queue die weiße Kugel senkrecht gegen die Bande. Die Kugel prallt zurück und rollt über den Tisch. „Angenommen, der Stoß war völlig elastisch", sagt Karl, „dann ist die Kugel mit dem gleichen Betrag der Geschwindigkeit v von der Bande reflektiert worden, wie dem mit dem sie auf sie zugelaufen ist. Die kinetische Energie $\frac{1}{2} m \cdot v^2$ der Kugel ist also bei dem Stoß gleich geblieben. Der Impuls der Kugel hat sich jedoch von $m \cdot v$ nach $-m \cdot v$, also um $2\, m \cdot v$ verändert, weil sie ihre Laufrichtung umgekehrt hat. Da der Impuls aber nicht einfach verschwinden kann, muss er irgendwo geblieben sein. Aber wo?"
„Das ist doch völlig klar", meint Rudi. „Der Billardtisch und die Erdkugel, auf der er steht, haben diese Impulsdifferenz von $2\, m \cdot v$ aufgenommen und deshalb eine kleine Geschwindigkeit V bekommen. Haben Billardtisch und Erde zusammen die Masse M, so gilt also $M \cdot V = 2\, m \cdot v$." Karl schüttelt den Kopf. „Das kann nicht sein. Vor dem Stoß enthielt das System aus Kugel, Tisch und Erde die kinetische Energie $\frac{1}{2} m \cdot v^2$, und nach dem Stoß müsste es dann die Energie $\frac{1}{2} m \cdot v^2 + \frac{1}{2} M \cdot V^2$ enthalten. Die Energie kann aber doch unmöglich mehr geworden sein."
Was stimmt hier nicht?

28. Die Tauben im Wagen

Willi Wuchtig bringt mit einem kleinen, geschlossenen Möbelwagen ein paar hundert Tauben zu einem Züchter in die Eifel. Als er zu einer schmalen Brücke kommt, hält er an, geht um den Wagen und schlägt mehrmals laut und kräftig mit der Faust gegen die Wände des Frachtraums. Ein Bauer, der ihn dabei beobachtet, fragt ihn, warum er dies tue.
„Mein Wagen und ich wiegen zusammen genau drei Tonnen, und die Brücke ist nur für eine maximale Belastung von drei Tonnen ausgelegt. Nun habe ich aber viele Tauben geladen, und der Wagen ist deshalb zu schwer für diese Brücke. Wenn ich die Tauben erschrecke, fliegen sie alle auf und der Wagen wird wieder leichter, und ich kann die Brücke überqueren."
Sind Willi Wuchtigs Überlegungen richtig?

29. Eine Bootsfahrt mit Hindernissen

Es ist ein wunderschöner Sommertag, und Susi hat mit Rudi eine Bootsfahrt gemacht. Doch alles geht einmal zu Ende, auch die schönste Bootsfahrt.
Rudi will sein knallrotes Gummiboot am Steg festmachen. Das bedeutet: Das Bootsseil in die Hand nehmen, auf den Steg springen und das Boot sicher mit dem Seil festzurren, um dann Susi galant aus dem Boot zu helfen.
Als der Bootssteg nah genug ist, drückt sich Rudi kraftvoll vom Boot ab und springt in Richtung Land. Aber statt sicher den Steg zu erreichen, landet er im See. Prustend tauchte er aus dem Wasser auf und sagt: „Da habe ich wohl einen fatalen Denkfehler gemacht".
Wissen Sie, was Rudi in seinem Übermut nicht bedacht hat?

30. Der umweltfreundliche Wasserantrieb

Martin Düse ist ein Technikfreak und möchte einen möglichst umweltfreundlichen Motor entwickeln. Als er einen offenen Eisenbahnwaggon durch den Regen fahren sieht, kommt ihm folgende Idee: Wenn der fahrende Waggon mit Wasser gefüllt ist und man einen Stopfen am Boden des Waggons öffnet, fließt das Wasser nach unten ab. Da keine äußere Kraft wirkt, muss der Impuls konstant bleiben. Der Waggon verliert das Wasser, die Masse wird kleiner. Damit der Impuls konstant bleibt, muss die Geschwindigkeit zwangsläufig größer werden. Der Wasserantrieb ist erfunden!
Ist Martins Idee genial oder doch eher unüberlegt?

31. Die verschwundene Energie

„Ich kann etwas, was nach den Gesetzen der Physik eigentlich unmöglich ist, denn ich kann Energie spurlos verschwinden lassen", sagt Karl zu Rudi. „Ich habe hier zwei gleiche zylindrische Gefäße, die am Boden durch einen dünnen Schlauch miteinander verbunden sind. In dem Schlauch ist ein Ventil, das den Durchfluss sperrt. Das rechte Gefäß ist bis zu einer Höhe h mit Wasser gefüllt. Der Schwerpunkt des Wasser liegt somit $h/2$ über den Gefäßboden. Die potentielle Energie des Wassers beträgt also $m \cdot g \cdot h/2$, wobei g die Erdbeschleunigung und m die Masse des Wassers ist."

Nun öffnet Karl das Ventil und das Wasser läuft durch den Schlauch in das andere Gefäß, bis in beiden Gefäßen das Wasser gleich hoch steht.

„In beiden Gefäßen befindet sich nun eine Wassermasse von $m/2$, und sie sind beide bis zur Höhe $h/2$ gefüllt. Die Schwerpunkte in beiden Gefäßen liegen also $h/4$ über dem Boden. Folglich beträgt die potentielle Energie des Wassers in jedem Gefäß $m/2 \cdot g \cdot h/4 = m \cdot g \cdot h/8$. Die potentielle Energie in beiden Gefäßen zusammen hat somit nur noch den Wert $m \cdot g \cdot h/4$. Die Hälfte der ursprünglich Energie habe ich auf geheimnisvolle Weise ins Nichts verschwinden lassen."
Was stimmt hier nicht?

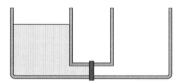 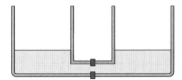

32. Der Affe am Seil

Auf der Veranda der Villa Kunterbunt hängt über eine Rolle an der Decke ein Seil. An dem einen Ende des Seils ist ein Spiegel gebunden und an dem anderen hält sich Herr Nielson fest, der kleine Affe von Pippi Langstrumpf. Der Spiegel und der Affe sind gleich schwer und hängen auf gleicher Höhe. Plötzlich entdeckt Herr Nielson sein Bild in dem Spiegel, erschrickt und klettert so schnell er kann an dem Seil nach oben.

Angenommen, Seil und Rolle sind gewichtslos und Reibungskräfte treten nicht auf. Was passiert nun mit dem Spiegel, während der Affe an dem Seil hoch klettert? Sinkt er nach unten, steigt er nach oben oder bewegt er sich gar nicht?

Und grenzen an die Sternenwelt – Probleme über Gravitation und Himmelskörper

33. Hochsprung auf dem Mond

„Die Schwerkraft auf dem Mond beträgt nur ein Sechstel der irdischen Schwerkraft", liest Rudi seiner Freundin aus dem Wissenschaftsteil der Tageszeitung vor. „Das ist ja absolut irre!", meint Susi. „Ich bin bei der letzten Kreismeisterschaft 1,60 Meter hoch gesprungen. Dann würde ich ja auf dem Mond 6 · 1,60 m = 9,60 m schaffen."

Hat Susi Recht? Natürlich wird vorausgesetzt, dass Susi ihren Sprung in Sportkleidung in einer gut klimatisierten Turnhalle auf dem Mond machen kann.

34. Sternenzahl

Der Sternenhimmel glitzert wundervoll. Versonnen fängt Werner an, die Sterne zu zählen. Bei hundert angekommen, hört er auf. Es ist einfach zu mühsam. Außerdem weiß er manchmal nicht, ob er einen Stern doppelt gezählt oder einen übersehen hat. Am nächsten Tag fragt er Luise: „Weißt du, wie viele Sterne es gibt?" „Nun ja, ein paar 100 Milliarden werden es schon sein", lautet ihre Antwort. Das kann Werner nur mir Unverständnis quittieren, denn wer soll die alle gezählt haben?
Haben Sie eine Idee, wie man die Zahl der Sterne bestimmen kann?

35. Das Feuer der Sonne
Es ist sehr kalt, doch davon bemerkt Marie nichts. Sie genießt die wohlige Wärme ihres Kaminfeuers. „So muss es auf der Sonne sein", denkt Marie. Die Strahlung des fackelnden Feuers der Sonne trifft wärmend auf die Erde.
Das Feuer im Kamin lässt allmählich nach. Aber kein Problem. Marie wirft ein paar Holzscheite in die Glut, und sofort flackern die Flammen wieder auf. Doch plötzlich ist es mit dem Wohlbehagen vorbei. Marie wird bewusst, dass niemand sich um die Brennstoffzufuhr der Sonne sorgt. Die Sonne könnte also wie ihr Kaminfeuer plötzlich ausgebrannt sein.
Sind Maries Sorgen berechtigt?

36. Die Anziehungskraft einer Kaffeetasse
Werner und Luise haben sich zu einem Nachmittagskaffee verabredet. Sie wollen über dies und das gemütlich plaudern. Doch die Harmonie wird jäh gestört, als Werner seine Kaffeetasse auf den Boden fallen lässt. Der Ärger entsteht nicht über den verschütteten Kaffee oder die zerbrochene Tasse, sondern weil Luise sofort ins Grübeln kommt. Sie weiß, dass die Tasse auf den Boden fällt, weil die Erde sie anzieht. Klar, die Erde hat eine Masse, die Tasse hat eine Masse und Massen unterliegen der Schwerkraft, sie ziehen sich an.
Nun stellt Luise Werner folgende Frage: „Werner, eines ist doch komisch: Die Tasse fällt auf den Boden, weil die Erde sie anzieht. Aber warum bewegt sich die Erde nicht auf die Tasse zu, denn die Tasse zieht doch auch die Erde an, und – wenn ich mich richtig erinnere – sogar mit der gleichen Kraft, wie die Erde die Tasse?" Werner findet die Frage ziemlich blöd und brummelt verärgert: „Hast Du schon jemals die Erde auf eine Tasse zustürzen sehen?"
Ist die Frage von Luise wirklich blöd oder eher gar nicht so dumm?

37. Raumschiff
Schweißgebadet wacht Erwin auf. Welch ein Albtraum! Er war – in seinem Traum – mit Außenarbeiten an einer Raumfähre beschäftigt, ausgestattet mit vielerlei Werkzeug, wie Hammer, Schraubenschlüssel und anderem Kleinkram, sicher über ein Seil mit der Raumfähre verbunden. Doch dann geschah das Unglück. Das Sicherheitsseil riss, und Erwin war ohne Verbindung mit dem Raumschiff. Nicht wirklich ein Problem, denn er wusste, dass ihn die Massenanziehung zwangsläufig zum Raumschiff zurückführen würde. Seine Rechnungen zeigten jedoch, dass dies Stunden dauern würde, sein Sauerstoffvorrat aber nur für eine halbe Stunde reichte.
Erwin beruhigt sich allmählich und muss schmunzeln. Ihm fällt nämlich eine Lösung zu seinem geträumten Problem ein. Kennen Sie die Lösung?

38. Erduntergang
Bereits zum fünften Mal hat sich Martin den Spielfilm „Apollo 13" angeschaut. Immer wieder fasziniert ihn die spannende Geschichte der Rettung der Mannschaft, die eigentlich auf dem Mond landen wollte, durch technische Defekte aber scheiterte.
Dieses Mal hat sich Martin gemeinsam mit Werner und Luise den Film angeschaut. Luise gefällt die Geschichte nur mäßig, sie ist ihr zu dramatisch. Worüber Luise aber immer wieder in Entzücken gerät, sind die Ausblicke aus der Raumkapsel auf die Erde. „Wenn ich jemals zum Mond fahren dürfte, würde mich wohl am meisten der Anblick dieses wunderschönen blauen Planeten reizen. Ich würde mir ein Plätzchen auf dem Mond suchen und mich am Anblick der aufgehenden Erde erfreuen."
Sie weiß jedoch nicht, wie häufig man auf dem Mond einen Erdaufgang sehen kann. Martin ist natürlich alles klar. „Ganz einfach", behauptet er. „Da der Mond etwa einen Monat braucht, um einmal die Erde zu umkreisen, sieht man den Erdaufgang einmal pro Monat." Luise ist aber der tiefen Überzeugung, dass alle 24 Stunden ein Erdaufgang zu sehen sein müsste. „Alles Quatsch", platzt Werner in die Diskussion. „Wenn ihr Pech habt, könnt ihr auf dem Mond warten bis ihr schwarz werdet und bekommt die Erde nie zu Gesicht".
Wer von den Dreien hat Recht. Oder haben vielleicht alle Unrecht?

39. Satelliten fallen nicht auf die Erde
Marie hat es geschafft: Die Satellitenantenne ist installiert und dem vielfältigen Fernsehvergnügen steht nichts mehr im Wege. Doch Marie plagt sogleich die Frage, ob der Fernsehsatellit auch brav seine Bahnen dreht und nicht auf die Erde fällt. Schließlich wirkt auch auf den Satelliten die Erdanziehung.
Können Sie Marie beruhigen und erklären, warum der Satellit nicht wie ein Stein auf die Erde fällt, obwohl er ständig von der Erde angezogen wird?

40. Das paradoxe Gravitationsgesetz
Das Raumschiff Enterprise nähert sich dem künstlichen Planeten Frenswegen im Andromedanebel. „Seltsam", sagt Captain Kirk zu seinem ersten Offizier Mr. Spock. „Ich habe das Gefühl, hier im Andromedanebel gilt das Gravitationsgesetz nicht mehr. Nach Newton sollte doch, wenn sich die Entfernung zwischen den Schwerpunkten der Enterprise und des Planeten halbiert, die Anziehungskraft sich vervierfachen. Aber hier wird die Anziehungskraft immer kleiner, je dichter wir an das Zentrum von Frenswegen, das ja auch sein Schwerpunkt ist, kommen."
Kann Captain Kirk Recht haben?

41. Jahreszeiten
Es könnte eine so nette Grillparty sein! Aber nein, völlig unpassend zettelt Werner eine Diskussion über die Entstehung der Jahreszeiten an. „Warum ist es im Sommer eigentlich wärmer als im Winter?", grübelt er. „Die Erde dreht sich um sich selbst und zusätzlich kreist sie um die Sonne. Die Eigendrehung der Erde um sich selbst erklärt, warum es Tag und Nacht gibt. Die Kreisbahn der Erde um die Sonne kann aber nicht die Jahreszeiten erklären."
„Dummkopf", lachte Luise, „die Bewegung der Erde um die Sonne ist nicht kreis- sondern ellipsenförmig. Im Winter ist die Erde weiter von der Sonne entfernt als im Sommer, deshalb ist es im Sommer wärmer".
„Ha, ha, selber Dummkopf. Kannst Du mir dann bitte erklären, warum auf der Südhalbkugel Winter ist, wenn wir Sommer haben?", triumphiert Werner. „Deine Ellipsentheorie leistet das jedenfalls nicht." Hat Werner Recht?

42. Langer Sommer
Luise besucht Werner. Zerknirscht entschuldigt sie sich, dass sie ihn bei der letzten Grillparty als Dummkopf bezeichnet hatte. „Kein Problem, mit den Erklärungsversuchen der Jahreszeiten waren wir ja beide auf dem Holzweg", sagt Werner.
Damit ist die Diskussion aber nicht abgeschlossen, denn Luise behauptet nun, dass der Sommer auf der Nordhalbkugel etwas länger dauert als auf der Südhalbkugel.
Kann das stimmen?

43. Kometenschweif
Werner hat seine Nichten Marie und Katrin – acht und zehn Jahre alt – zu Besuch. Liebenswerte Mädchen, aber ihre ständigen Frage können schon nerven. „Onkel Werner, warum ist die Erde rund?" „Onkel Werner, warum scheint die Sonne?" „Onkel Werner, warum kann man nicht mit dem Auto zum Mond fahren?" Bisher hat Werner alle Fragen beantworten können, aber mit dem Problem, warum der Schweif eines Kometen immer von der Sonne weg zeigt, ist er doch überfordert.
Zunächst erklärt er, dass ein Komet ein kleiner Körper des Sonnensystems ist, der einem schmutzigen Schneeball ähnelt. Er besteht aus einem kompakten Kern aus Wassereis und gefrorenen Gasen. Kommt der Komet in die Nähe der Sonne, setzt er große Mengen an Gasen und Staub frei. Es entsteht der Schweif. Durch die Teilchenstrahlung der Sonne wird der Kometenschweif von der Sonne weggeblasen: Er weist von der Sonne weg.
Werners Erklärung kommt ins Stocken, weil er selbst nicht mehr versteht, warum der Kometenschweif von der Sonne wegweist. Schließlich ist nicht nur der Schweif sondern auch der Komet selbst der Teilchenstrahlung ausgesetzt. Außerdem ist das Kometengas auf der sonnenzugewandten Seite näher an der Sonne dran und wird deshalb stärker angezogen. Der Kometenschweif müsste also in Richtung der Sonne zeigen.
Können Sie Werners Gedanken zu einer richtigen Erklärung ordnen?

44. Mondleuchten
Es ist eine klare Vollmondnacht. Erwin genießt den wundervollen Anblick. Er fragt sich allerdings, welches Feuer auf dem Mond lodert und ihn zum Leuchten bringt.
Wissen Sie, warum der Mond leuchtet?

Fließe nach der rechten Weise – Probleme zu Gasen und Flüssigkeiten

45. Zwei Luftballons
Mit den Zwillingen Max und Moritz ist nicht zu spaßen. Wenn einer der beiden glaubt, weniger als der andere bekommen zu haben, fliegen die Fetzen.
Onkel Fritz hat jedem seiner Neffen einen Luftballon geschenkt. Beide Ballons sind rot und auch sonst völlig gleich. Die Jungen blasen ihre Ballons auf und halten sie dann nebeneinander.
„Deiner ist viel größer als meiner!", schreit Moritz wütend und tritt Max gegen das Schienenbein. Der zahlt den Tritt sofort mit gleicher Münze zurück.
„Halt!", ruft da Onkel Fritz. „Gebt mir eure Luftballons." Er will das Problem mit Hilfe der Physik lösen. Er gibt Moritz ein etwa fingerdickes und -langes Plastikröhrchen in die Hand und bittet ihn, es in der Mitte mit zwei Fingern flach zu drücken, so dass es luftundurchlässig wird. Dann stülpt er die aufgeblasenen Ballons mit ihren Öffnungen über die beiden Enden des Röhrchens.
„Wenn das Röhrchen jetzt freigegeben wird, bläst der dickere Ballon den dünneren soweit auf, bis in beiden Ballons der gleiche Druck herrscht und sie dann folglich auch genau gleich groß sind", denkt Onkel Fritz. Stimmen seine Überlegungen?

46. Kaffee und Milch
Herr und Frau Kleinlein sitzen am Frühstückstisch. Herr Kleinlein hat eine Tasse mit Kaffee vor sich stehen und seine Frau eine Tasse heiße Milch. „Du solltest den Kaffee nicht schwarz trinken. Das ist ungesund!", nörgelt Frau Kleinlein. „Na gut", brummt ihr Mann. Er zieht die Tasse seiner Frau zu sich herüber, schöpft einen Löffel voll Milch heraus und verrührt sie in seinem Kaffee.
„So war das aber nicht gemeint!" Frau Kleinlein ist empört. Sie greift sich die Tasse ihres Mannes, nimmt daraus einen Löffel voll Kaffee und kippt ihn in ihre Milch.
In beiden Tassen ist nun wieder gleich viel Flüssigkeit. Aber ist nun mehr Milch im Kaffee, oder ist mehr Kaffee in der Milch?

47. Die Schiffsbrücke bei Magdeburg
Rudi hat mit seiner Freundin eine Reise nach Magdeburg gemacht und besichtigt die neue Schiffsbrücke, die den Mittellandkanal mit dem Elbe-Havel-Kanal verbindet und über die Schiffe die Elbe mehrere Meter über dem Flussspiegel überqueren können. „Die Brücke ist 918 Meter lang und damit die größte Schiffsbrücke der Welt. Sie enthält etwa soviel Wasser wie eine halbe Million Badewannen", erklärt Rudi seiner Freundin, als sie unter der Brücke stehen. „Die Größe der Brücke interessiert mich nicht", meint Susi. „Hauptsache sie hält auch noch, wenn mehrere vollbeladene Schiffe sie gleichzeitig benutzen."
Was schätzen Sie, wie viele Schiffe trägt die Brücke gleichzeitig, ohne einzustürzen, wenn man von einer durchschnittlichen Masse der Flussschiffe von 10000 Tonnen ausgeht?

48. Das Loch im Boot
Rudi rudert in seinem knallroten Gummiboot seine Freundin auf dem Vechtesee spazieren. In der Mitte des Sees entdecken sie einen alten Holzkahn, der vom Regen randvoll mit Wasser gefüllt ist. „Das Boot nehmen wir mit", sagt Rudi kurzentschlossen und bindet es an sein Gummiboot. „Sollten wir es nicht erst einmal leer schöpfen?", schlägt Susi vor. „Nicht nötig!", erwidert Rudi großspurig. „Ich bohre mit meinem Taschenmesser einfach ein Loch in den Boden des Bootes. Dann läuft ein Teil des Wassers von alleine ab." Hat Rudi Recht?

49. Die Rheinfahrt

Rudi plant, mit seinem knallroten Gummiboot den Rhein von Rotterdam aus hinauf bis nach Basel zu fahren. „Ich an deiner Stelle würde lieber stromabwärts von Basel nach Rotterdam fahren. Das ist doch nicht so anstrengend", sagt seine Freundin Susi. Doch Rudi erwidert: „Da irrst du dich. Wenn ich relativ zum Wasser immer mit 5 km/h paddle, so ist das stromauf- wie stromabwärts genau gleich anstrengend. Der einzige Unterschied ist, dass meine Reise stromabwärts schneller zu Ende wäre als stromaufwärts." Aber Susi gibt noch nicht auf: „In Rotterdam liegt der Wasserspiegel des Rheins auf Meereshöhe, in Basel hingegen 247 m über dem Meeresspiegel. Das bedeutet, du musst flussaufwärts zusätzlich noch eine potentielle Energie aufbringen, während du flussabwärts diese Energie als Unterstützung bekommst."
Angenommen, der Rhein flösse auf der 870 km langen Strecke zwischen Basel und Rotterdam völlig gleichmäßig und hätte keine Wehre. Wie viel an Arbeit müsste Rudi für eine Fahrt von Rotterdam nach Basel mehr leisten wie für eine Fahrt von Basel nach Rotterdam, wenn er samt Boot und Gepäck eine Masse von 150 kg hat?

50. Das Bier im See

Wieder einmal ist Rudi mit seinem Gummiboot auf dem Vechtesee unterwegs. Diesmal hat er eine Kiste Bier an Bord. „Es wäre doch schade, wenn das schöne Bier warm würde", denkt Rudi und versenkt die Kiste in der Mitte des Sees.
Ist der Wasserspiegel des Sees dadurch gestiegen, gefallen oder gleich geblieben?

51. Ballons beim Bremsen

Onkel Fritz ist mit den Zwillingen Max und Moritz auf dem Jahrmarkt gewesen. Wieder einmal hat er den beiden Ballons geschenkt, doch diesmal sind sie mit Helium gefüllt. Damit sie nicht versehentlich in den Himmel steigen, hat Onkel Fritz sie mit Schnüren an die Handgelenke der Zwillinge gebunden.
Nun fahren sie mit dem Auto nach Hause. Die Zwillinge sitzen auf der Rückbank und die Ballons versperren Onkel Fritz die Sicht über den Rückspiegel. „Nun nehmt doch die Ballons nach unten. Wenn ich bremsen muss, dann fliegen sie mir noch vor die Windschutzscheibe", sagt er.
Hat Onkel Fritz Recht? Und was passiert mit den Ballons, wenn er durch eine Kurve fährt?

52. Ebbe und Flut

Der Frachter „Springburn" liegt am Petersenkai im Hamburger Hafen. Es ist Ebbe, und die Ladung wird gelöscht. Leichtmatrose Kuddel erhält den Auftrag, die Außenwand des Schiffes zu streichen.
Seine Strickleiter hängt über der Bordwand und reicht bis 10 cm über die Wasseroberfläche, und die Sprossen sind jeweils 25 cm voneinander entfernt. Kuddel steht auf der untersten Sprosse. Während er noch streicht, setzt die Flut ein, und der Wasserspiegel steigt um 65 cm. Wie viele Sprossen muss er hinaufklettern, um keine nassen Füße zu bekommen?

53. Ein Kilogramm Federn und ein Kilogramm Blei

Lehrer Lämpel hat eine extrem genaue Waage, mit der er herausbekommen möchte, was schwerer ist: 1 kg Blei oder 1 kg Federn? Zu welchem Ergebnis wird er kommen?

Kocht des Kupfers Brei – Probleme aus der Thermodynamik

54. Polkappen schmelzen

Marie ist entsetzt. Deutschland ähnelt immer mehr Italien. Nicht dass sie befürchtet, die Deutschen würden genau so temperamentvoll wie die Italiener werden oder die Deutschen würden so gut kochen wie die Italiener. Nein, das Klima bereitet ihr Sorgen. Es hat den Anschein, dass weltweit – und somit auch in Deutschland – die mittleren Temperaturen immer höher würden. Dagegen ist zunächst nichts zu sagen, doch Marie fürchtet um ihre Nachtruhe. Denn eine Erhöhung der mittleren Temperatur der Erde führt zum Schmelzen der Polkappen, und das Wasser verteilt sich auf dem Globus. Die geänderte Massenverteilung führt aber zu einer Verkürzung von Tag und Nacht. Muss Luise wirklich fürchten, dass die Nächte kürzer werden?

55. Kühlschrankkühlung
Frau Emsig muss für eine große Familie kochen und gerät dabei leicht ins Schwitzen. Um an heißen Sommertagen die Küche kühl zu halten, schließt sie Fenster und Türen und lässt die Kühlschranktür weit offen. Wie gut funktioniert die Raumkühlung durch den Kühlschrank?

56. Ausdehnung von Münzen
Anna hat zwei Hobbys: Sie liebt die Physik und sammelt leidenschaftlich gern Münzen. Zu ihrer Sammlung gehören einige kuriose Stücke, zum Beispiel eine 25-Peseten-Münze aus Spanien mit einem Loch in der Mitte. Durch ihre Liebe zur Physik weiß sie, dass Körper sich bei Erwärmung ausdehnen können. Ihr geht folgende Frage durch den Kopf: „Was passiert, wenn die Münze erwärmt wird? Wird durch die Ausdehnung der Münze das Loch kleiner oder größer?"
Welche Antwort würden Sie geben?

57. Erwärmen von Kugeln
Karl hat zwei völlig gleiche Messingkugeln mit in die Kneipe gebracht. Die eine hängt er mit einem langen dünnen Faden an die Decke und die andere legt er vor sich auf die Theke. Dann sagt er zu Rudi: „Stell dir einmal vor, die Theke und der Faden wären so gute Isolatoren, dass sie absolut keine Wärme von den Kugeln abführen könnten. Beide Kugeln sind genau gleich warm und haben Zimmertemperatur. Nun möchte ich beide Kugeln um exakt 30 Grad erwärmen. Für welche Kugel ist dafür mehr Energie notwendig?" Was sollte Rudi antworten?

58. Hitze und kalte Getränke
Luise ist zu einem Gartenfest eingeladen. Die Sonne brennt vom Himmel, und kühle Getränke sind höchst willkommen. Leider ist die Bowle mit ihren 30 °C völlig ungenießbar. Luise schreitet zur Tat und besorgt etliche Kilo Eis aus der Tiefkühltruhe, herrliche -15 °C kalt. Sie wirft das Eis in die Bowle in Erwartung eines erfrischend kalten Getränks. Leider ist nach Luises Aktion die Bowle erst recht nicht mehr trinkbar. Was hat Luise bei ihrer Aktion nicht bedacht?

59. Milchkaffee
Frau Blümlein hat sich Kaffee aufgebrüht und eine Tasse damit halbvoll geschenkt. Sie will sie gerade mit Milch auffüllen, als das Telefon klingelt. „Es ist sicherlich Mama", denkt Frau Blümlein. „Na, das kann dauern!" Da sie ihren Kaffee gerne möglichst heiß trinkt und die Milch Zimmertemperatur hat, stellt sie das Kännchen wieder ab. „Die Milch gieße ich erst in die Tasse, wenn ich mit dem Telefonieren fertig bin", sagt sie sich.
Hat Frau Blümlein Recht, oder sollte sie besser zuerst die Milch in den Kaffee schütten und dann telefonieren gehen?

60. Eisgekühlte Bloody Mary
Seitdem Karl im Lotto fünf Richtige hatte, trinkt er in seiner Kneipe kein Bier mehr, sondern nur teure Cocktails. „Werner, eine Bloody Mary mit Eis!", sagt Karl zum Wirt. „Und mach das Glas bitte richtig voll." Ein paar Minuten später schiebt ihm der Wirt ein bis zum Rand gefülltes Longdrinkglas hin. Die Eiswürfel ragten sogar über den Rand hinaus. „Voll genug so?", fragt der Wirt. Rudi starrt auf das Glas und sagt: „Ich an deiner Stelle würde schnell einen großen Schluck nehmen. Es ist warm hier, und wenn die Eiswürfel schmelzen, läuft das Glas über." Stimmt das?

61. Mikrowelle und Eier
Es ist Osterzeit, Grund für Luise, Martin und Werner eine Eierparty zu geben. Vor dem Vergnügen haben die Götter den Schweiß gesetzt, denn es müssen 200 Eier gekocht werden. Martin hat eine Idee, wie man die Eierkocherei rationalisieren kann. Er stapelt mehrere Paletten Eier übereinander und stellt sie in den Mikrowellenherd. Während sich die drei noch gegenseitig ob dieser guten Idee gratulieren, wird ihre Freude durch dumpfe Knallgeräusche gestört, die aus dem Mikrowellenherd kommen. Luise öffnet die Herdklappe und kreischt: „Was ist das denn für eine Sauerei?"
Können Sie sich vorstellen, worin die Sauerei besteht und warum sie entstanden ist?

62. Wärmeenergie

Als Frau Blümlein von der Arbeit nach Hause kommt, ist es in ihrem Wohnzimmer nur 10 °C warm. Frau Blümlein friert nicht gerne und dreht das Ventil des Heizkörpers auf. Nach einer halben Stunde schließlich ist es im Zimmer angenehme 20 °C warm, und sie stellt die Heizung wieder ab.

„Um wie viel Prozent mag sich die Wärmeenergie in meinem Wohnzimmer erhöht haben?", fragt sich Frau Blümlein nachdenklich. Können Sie ihr helfen?

63. Heißer Dampf und Schnellkochtopf

„Autsch!", schreit Luise. „Was ist passiert?", fragt Werner besorgt. „Ach, ich war nur etwas unvorsichtig mit dem Schnellkochtopf. Ich bin zu nah an den heißen Dampf gekommen", antwortet sie.

Werner kommt in die Küche, um nach dem Rechten zu sehen. Vorsichtig geht er mit der Hand über den Dampf. „Ich weiß gar nicht, was du hast. Der Dampf ist doch ganz kühl", sagte er. „Glaubst du, ich habe mir nur eingebildet, dass der Dampf heiß ist?", zischt Luise erbost.

Werner versucht, der Sache auf den Grund zu gehen. Zentimeter für Zentimeter bewegt er seine Hand auf den austretenden Dampf zu. Erst ganz dicht vor der Austrittsdüse des Dampfes, zieht er schnell sein Hand zurück. Der Dampf ist verflucht heiß.

Können Sie erklären, warum der Wasserdampf nur wenige Zentimeter über dem Schnellkochtopf nicht mehr heiß ist?

64. Wasser kochen mit kochendem Wasser

Frau Emsig kocht das Essen für ihre Familie. Auf allen vier Herdplatten steht schon ein Topf, als sie ein kleines Töpfchen mit Wasser zum Kochen bringen muss. Doch Frau Emsig weiß sich zu helfen. Sie knotet Schnüre an die Henkel des Töpfchens und hängt es damit so an der Dunstabzugshaube auf, dass es in einen auf dem Herd stehenden Topf mit kochendem Wasser taucht. Die Schnüre sind gerade so lang, dass das Töpfchen nicht den Boden des anderen Topfes berührt, aber auch nicht so lang, dass von oben Wasser aus dem Topf in das Töpfchen laufen kann.

Wenn die Herdplatte mit den Topf die ganze Zeit auf höchster Stufe eingeschaltet bleibt, wird dann irgendwann das Wasser in dem Töpfchen zu kochen beginnen?

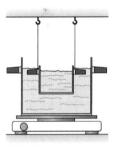

65. Kalt ist nicht gleich kalt

Luise hat es sich nach einem harten Arbeitstag mit einem Buch und einem Glas Wein gemütlich gemacht. In ihrem Wohnzimmer herrschen kuschelige 21 °C, während es draußen stürmt und schneit. Was will man mehr!

Während sie eine Seite des Buches umblättert und gleichzeitig einen kleinen Schluck Wein trinkt, fällt ihr auf, dass das Weinglas viel kälter wirkt als die Buchseite. „Komisch", denkt Luise. „Sowohl das Buch als auch das Weinglas sind schon stundenlang im Wohnzimmer und müssten doch dieselbe Temperatur haben, nämlich 21 °C".

Können Sie Luise erklären, warum Buchseite und Weinglas unterschiedlich warm erscheinen, obwohl sie dieselbe Temperatur haben?

66. Fliegende Steine

Martin spaziert mit Werner am Ufer des Blausteinsees entlang. Ab und zu werfen sie Steine in den See und freuen sich, wenn die Steine weit über die Wasseroberfläche hüpfen. „Werner, hast du eigentlich schon mal gesehen, dass ein Stein von selbst in die Höhe springt?", sagt Martin. „Natürlich nicht," antwortete Werner, „obwohl dies im Prinzip möglich ist." Martin ist erstaunt. „Wie soll denn das gehen?" Werners Antwort ist geheimnisvoll: „Temperatur, ich sage nur Temperatur." Martin versteht gar nichts mehr.

Können Sie das Geheimnis lüften?

67. Kopfschmerzen durch herumfliegende Luft
Werner brummt der Schädel. Kein Wunder! Frau Röntgen hat ihm heute im Physik-Volkshochschulkurs erklärt, dass er ständig von Sauerstoff- und Stickstoffmolekülen umgeben ist, die sich mit nahezu zehnfacher Schallgeschwindigkeit durch die Gegend bewegen.
Er kann es förmlich spüren, wie diese kleinen Teilchen auf seinen Kopf prasseln. „Na ja", tröstet er sich, „jetzt weiß ich wenigstens, warum ich ab und zu Kopfschmerzen habe."
Sollte sich Werner mit dieser Erklärung seiner Kopfschmerzen zufrieden geben oder doch besser einen Arzt aufsuchen?

68. Gekochte Kartoffeln sind nicht immer weich
Anna hat endlich Urlaub. Nichts liebt sie so sehr wie die Berge. Nach einer langen Wanderung hat sie den Gipfel erreicht, immerhin 4000 m hoch. Solch eine Bergbesteigung macht hungrig. Nach Annas Meinung gehören zu einem stärkenden Essen Kartoffeln, natürlich weich gekocht. Sie füllt ihren Topf mit Wasser, wirft die Kartoffeln hinein, schiebt einen Spirituskocher unter den Topf und wartet geduldig auf weich gekochte Kartoffeln. Das Wasser sprudelt, es kocht.
Nach 20 Minuten prüft Anna mit einer Gabel die Kartoffeln, sie sind noch hart. Zehn Minuten später wiederholt sie das Spiel, die Kartoffeln sind immer noch roh. Nach weiteren 60 Minuten gibt Anna auf und isst – ziemlich frustriert – heiße, aber rohe Kartoffeln.
Was hat Anna bei all ihrer guten Planung nicht bedacht?

69. Wasser kocht durch Abkühlen
Physikalische Experimente können so faszinierend sein. Werner ist hellauf begeistert. In dem Volkshochschulkurs zum Thema Verblüffendes in der Physik führt man ihm ein einfaches, aber verblüffendes Experiment vor. Ein kugelförmiger Kolben wird zur Hälfte mit Wasser gefüllt und das Wasser bis zum Sieden erhitzt. Das Kochen des Wassers ist deutlich am Sprudeln zu erkennen. Dann wird die Wärmequelle entfernt und der Kolben mit

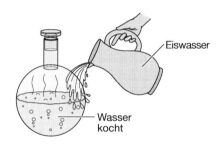

einem Stopfen verschlossen. Das Wasser hört sofort zu kochen auf. Dann wird der Kolben mit eiskaltem Wasser überschüttet. Und das Wunder geschieht: Das Wasser fängt wieder zu kochen an, deutlich am Sprudeln zu erkennen.
Hat die Volkshochschule sich mit Werner einen üblen Scherz erlaubt, oder ist es wirklich möglich, dass man durch Abkühlen Wasser zum Kochen bringen kann?

70. Rote und blaue Strahlung
Schon seit zwei Wochen ist Luise für ihre Umgebung nur schwer zu ertragen. Ständig ist sie übel gelaunt. Außerdem schnippt sie immer mit ihrem Feuerzeug rum: an, aus, an, aus.
„Luise kannst du bitte damit aufhören? Das nervt", mault Werner. „Entschuldige, aber du weißt doch, dass es verflucht schwierig ist, sich das Rauchen abzugewöhnen. Mit dem Feuerzeug kann ich mich ablenken. Außerdem habe ich gerade damit herausgefunden, dass die Wega heißer ist als der Antares."
Werner hat keine Ahnung, worüber Luise spricht. Wer oder was sind die Wega und der Antares?
Luise erklärt Werner, dass die Wega ein blauer Stern ist, der Antares ein roter und dass sie aus der Farbe schließen kann, welcher von den beiden Sternen heißer ist.
Welcher Stern ist heißer, die Wega oder der Antares?

Taghell ist die Nacht gelichtet – Probleme aus der Optik

71. Spieglein, Spieglein an der Wand…
Nachdenklich betrachtet sich die Königin im Spiegel. „Es ist doch seltsam", denkt sie. „Ich habe einen Leberfleck auf der linken Wange. Mein Spiegelbild steht aufrecht, genau wie ich, hat den Leberfleck jedoch auf der rechten Wange. Der Spiegel vertauscht also rechts und links. Warum aber vertauscht er nicht auch oben und unten?"

72. Ein ehrlicher Spiegel
Frau Blümlein ärgert sich darüber, dass ihr Wandspiegel immer rechts und links vertauscht und sie spiegelverkehrt wiedergibt. „Es kann doch nicht so schwer sein, einen Spiegel zu bauen, der mich seitenrichtig zeigt. Das Muttermal über meinem linken Auge sollte auch bei meinem Spiegelbild über dem linken Auge sitzen", denkt sie und macht sich an die Arbeit.
Hat Frau Blümlein eine Chance, einen solchen Spiegel zu bauen?

73. Der Wandspiegel
Rudi und seine Freundin Susi sind in einem Möbelgeschäft und wollen einen Wandspiegel kaufen. Rudi hat sich für einen kleinen und preiswerten Spiegel entschieden, aber Susi sagt: „Er muss so groß sein, dass ich mich darin vollständig sehen kann. Du möchtest doch schließlich, dass ich hübsch bin." „Dieser Spiegel wird schon reichen. Wenn du nur weit genug zurücktrittst, wirst du dich vollständig in ihm sehen können", erwidert Rudi.
Hat Rudi Recht? Wie groß muss der Spiegel mindestens sein, wenn Susi 1,70 m groß ist und der Spiegel in der optimalen Höhe aufgehängt wird?

74. Straßen werden zu Spiegeln
Martin ist mit seinem Auto unterwegs. Es ist draußen 33 °C heiß, aber die Klimaanlage sorgt für eine angenehme Innentemperatur. Nur der Straßenasphalt scheint förmlich zu schmelzen.
Martin ist etwas irritiert. Obwohl es seit Wochen nicht geregnet hat, befindet sich anscheinend an vielen Stellen Wasser auf der Straße, in dem sich der Himmel und die Bäume spiegeln. Aber jedes Mal, wenn Martin eine solche Stelle erreicht, löste sich der Spuk der Spiegelungen auf. Auf der Straße steht kein Wasser, und auch der Asphalt ist nicht geschmolzen.
Wieso verhält sich Asphalt manchmal wie ein Spiegel? Ist es wirklich der Asphalt, der spiegelt oder steckt hinter dem Spuk ein anderes Phänomen?

75. Durchsichtig oder spiegelnd?
„Die physikalischen Eigenschaften von manchen Dingen hängen von der Tageszeit ab", behauptet Max. Onkel Fritz runzelt fragend die Stirn, sagt aber nichts. „Schau dir einmal eine Fensterscheibe an", ergänzt Moritz. „Tagsüber ist sie vollkommen durchsichtig, und man kann ungehindert von der Wohnung aus nach draußen schauen. Nachts hingegen ändert sie ihre Eigenschaften und wird zum Spiegel. Die Zimmereinrichtung spiegelt sich in ihr, aber man kann nicht mehr nach draußen sehen."
Ändern sich wirklich die physikalischen Eigenschaften von Fensterscheiben im Laufe des Tages?

76. Das seltsame Verhalten von Zylinderlinsen

„Lieber Freund", sagt Baron Münchhausen zu Graf Oorde, „kennen Sie das seltsame Verhalten von Zylinderlinsen?" Er nimmt einen etwa fingerdicken und -langen, zylindrischen Glasstab aus der Tasche und gibt ihn seinem Freund. „Die Linse ist aus Leichtflintglas und hat eine hohe Dispersion. Für blaues Licht hat das Glas eine Brechzahl von 1,65 und für rotes von 1,61. Darum ist die Brennweite der Linse für blaues Licht auch kleiner als für rotes." Baron Münchhausen schreibt nun mit Buntstiften in Blockschrift das Wort „DEICHGRAF" auf ein Blatt Papier, wobei er die ersten fünf Buchstaben rot und die letzten vier blau malt. „Durch die unterschiedlichen Brennweiten für die verschiedenen Farben des Licht kann man die Linse so über das Blatt halten, dass der Abstand zwischen Blatt und Linse größer ist als die blaue und kleiner als die rote Brennweite. Dadurch sehen Sie durch die Linse die rote Schrift richtig herum und die blaue verkehrt herum."

Diese Beobachtung kann Graf Oorde auch tatsächlich mit der Zylinderlinse machen. Aber ist auch Baron Münchhausens Erklärung richtig?

77. Die Röntgenbrille

Marie kann nur den Kopf schütteln. Da behauptet doch jemand, dass er eine Brille entwickelt hat, mit deren Hilfe man Röntgenstrahlung erzeugen und bekleidete Menschen nackt sehen kann. Nicht nur, dass sie es als wenig prickelnd empfindet, ihren Chef im Adamskostüm zu sehen, sie weiß auch, dass die Erfindung nur ein Lüge ist.

Was macht Marie so sicher?

78. Geisterbilder

Draußen toben die ersten Herbstürme. Luise und Werner haben es sich im Wohnzimmer gemütlich gemacht. Überall stehen leuchtende Kerzen und verbreiten eine wohlige Atmosphäre. Plötzlich sagt Werner: „Tut mir Leid, Luise. Ich habe wohl zu viel getrunken und muss unbedingt nach Hause. Immer wenn ich aus den Fenstern schaue, sehe ich in der Luft schwebende Kerzen im Garten. Schlimmer noch: Ich sehe sie auch noch alle doppelt."

Liegt es tatsächlich am Alkohol, oder spielen die Fenster Werner einen Streich? Können Sie eine physikalische Erklärung dafür geben, warum die schwebenden Kerzen doppelt erscheinen?

79. Oberfläche eines Teleskops

Luise besichtigt mit Martin das Radioteleskop von Effelsberg. Beide sind beeindruckt. Schließlich hat das Teleskop einen Durchmesser von 100 m; das sieht schon imposant aus.

Luise wundert sich ein wenig über die Struktur des Reflektors. „Der Reflektor hat doch die Aufgabe, die auftreffenden Radiowellen in den kleinen Empfänger zu spiegeln?" Martin nickt. Er will Luise schon einen Vortrag darüber halten, welche Krümmung der Spiegel haben muss und wo man am besten den Empfänger aufstellt.

Aber Luise hat ein ganz anderes Problem. „Damit elektromagnetische Wellen gut reflektiert werden, sollte die Oberfläche doch möglichst glatt sein?" Dem kann Martin nur zustimmen. „Dann sollten die Damen und Herren Wissenschaftler ihren Spiegel mal gründlich polieren. Die Oberfläche ist völlig rau und wirkt überhaupt nicht wie ein Spiegel."

Muss das Radioteleskop von Effelsberg tatsächlich neu poliert werden?

Rein und voll die Stimme schalle – Probleme aus der Akustik

80. Gitarre
Genau das hat Luise befürchtet: Werner versteht unter der Einladung zu einem interessanten Musikerlebnis eine Vorführung seines Gitarrenspiels. Grauenhaft! „Weißt du wenigstens, warum du deiner Gitarre unterschiedliche Töne entlocken kannst?", fragt Luise. „Klar doch", sagt Werner, „wie du siehst sind die Gitarrensaiten unterschiedlich dick und bestehen aus unterschiedlichen Materialien, deshalb entstehen unterschiedliche Tonhöhen." „Ja und warum kann man durch das Herunterdrückens an verschiedenen Punkten einer Saite unterschiedliche Töne erzeugen?", fragt Luise weiter.
„Das ist auch ganz einfach. Durch das Herunterdrücken werden die Saiten kürzer, damit breitet sich der Schall schneller aus. Die Schallgeschwindigkeit ist das Produkt aus Wellenlänge und Frequenz. Da die Wellenlänge der Schallwelle gleich bleibt, muss die Frequenz ebenfalls größer werden und der Ton wird höher."
Luise ist verblüfft. So viel geballten Unsinn hat sie schon lange nicht mehr gehört.
Welche Fehler stecken in Rudis Erklärung?

81. Motorengeräusch beim Autorennen
„Du bist unmöglich! Wie kannst du dir nur bei dem schönen Wetter dieses langweilige und ohrenbetäubende Formel-1-Rennen anschauen", schimpft Luise und setzt sich zu Werner vor den Fernseher.
Nach einer Weile sagt sie: „Findest du es nicht auch merkwürdig, dass die Motorengeräusche nicht immer gleich sind. Manchmal sind sie höher und manchmal tiefer". „Das ist doch klar, wenn man in andere Gänge schaltet, klingt auch der Motor anders." „Nein, nein, das meine ich nicht. Hör genau hin! Das Auto fährt entlang der geraden Strecke, man hört einen hohen Ton. Pass auf, gleich wirst du hören, dass das Motorengeräusch ohne ersichtlichen Grund plötzlich tiefer wird." Tatsächlich, Luise hat Recht.
Können Sie die physikalische Erklärung für den abrupten Tonhöhenwechsel geben?

82. Tauchen behindert die Orientierung
Werner nervt! Er hat seine Leidenschaft für das Tauchen entdeckt und erzählt jedem – leider ungefragt – wie toll es ist, in die Tiefen der Meere hinabzugleiten: Diese Stille, diese Farbenpracht der Fische, diese Kameradschaft der Taucher! Zugeben muss er allerdings, dass sein neues Hobby nicht ganz ungefährlich ist. Auch stört es ihn, dass man unter Wasser nur sehr ungenau feststellen kann, aus welcher Richtung ein Geräusch kommt. So kann Werner zwar ein herannahendes Schiff durch das Motorenbrummen hören, nicht aber genau orten, aus welcher Richtung es kommt.
Luise hat zwar keine Lösung für Werners Problem, aber eine physikalische Erklärung. Welche?

83. Der Krieg der Sterne ist lautlos
Luise liebt Science-Fiction-Filme. Besonders Spaß hat sie daran, physikalische Fehler in den Filmen zu entdecken. Heute hat sie Glück, denn im Fernsehen läuft der Film Krieg der Sterne. Dem Titel entsprechend geht auch bald die Schießerei im Weltall los. Welch ein lautes Spektakel! Irgendwann wird es Luise zu bunt. Sie kocht sich eine Tasse Kaffee, stellt den Ton vom Fernseher ab und genießt die Stille. So ist es richtig im Weltall: Man sieht alles, hört aber nichts.
Findet ein Krieg im Weltall wirklich statt, ohne dass man etwas hört?

84. Basslautsprecher wohin
Das Hörspiel versprach einen besonderen Genuss: Gläser sollten durch die Gegend fliegen und klirrend auf dem Boden zerschellen. Mal sollten sie rechts, mal links, mal hinter, mal vor der Zuhörerin landen. Aber Luise hörte keinen Unterschied. Für sie zerbrachen die Gläser immer an derselben Stelle. Schnell wurde klar, dass ihr Uraltradio nicht in der Lage war, diese räumlichen Effekte hörbar zu machen. Eine neue Musikanlage musste her.
Nun ist sie endlich da, und Luise hat auch schon alles in ihrem Zimmer aufgebaut. Wo aber soll der hässliche Basslautsprecher, der Subwoofer, hin? Am liebsten würde sie ihn in die hinterste Ecke stellen, aber gleichzeitig ist ihr auch der Stereoeffekt sehr wichtig.
Können Sie Luise bei ihrem Problem helfen?

Weicht der Mensch der Götterstärke – Probleme aus der Elektrodynamik

85. Ladung aus Energie
Luise hegt und pflegt ihre Münzsammlung. Nun hat sie gehört, dass man aus Strahlung Masse erzeugen kann. Sie überlegt: „Wenn Strahlung auf meine Münzen trifft, könnte die Strahlung in Elektronen umgewandelt werden und meine Münzen elektrisch aufladen." Dieser Gedanke ist ihr sehr unangenehm, da sie panische Angst vor elektrischen Schlägen hat.
Ist Luises Angst berechtigt?

86. Das Kondensatorparadoxon

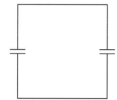

Lehrer Lämpel hat mit einer Batterie einen Kondensator der Kapazität C auf eine Spannung U geladen. Der Kondensator trägt die Ladung $Q = C \cdot U$, und es ist eine Energie von $Q^2/(2C)$ in ihm gespeichert.
Nun klemmt er die Batterie ab und verbindet die beiden Anschlüsse des Kondensators mit den Anschlüssen eines zweiten Kondensators, der auch die Kapazität C hat. Die Ladung verteilt sich jetzt gleichmäßig auf beiden Kondensatoren, so dass anschließend jeder die Ladung $Q/2$ trägt. Somit hat jeder Kondensator eine Energie von $Q^2/(8C)$ gespeichert. Die Gesamtenergie beider Kondensatoren ist folglich auf $Q^2/(4C)$ geschrumpft.
Angenommen, die Kondensatoren wären völlig verlustfrei und die Verbindungsleitungen wären Supraleiter, also auch verlustfrei, wohin wäre dann die Energie verschwunden?

87. Der Widerstandswürfel

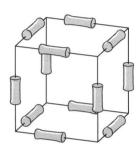

Die Zwillinge Max und Moritz haben zum Geburtstag von Onkel Fritz einen Elektrobaukasten geschenkt bekommen. Max interessiert die Elektrotechnik sehr und er beginnt sofort, mit den Bauteilen Schaltungen aufzubauen. Moritz hingegen hat mit Technik nichts im Sinn. Er ist eher künstlerisch interessiert. Er nimmt sich zwölf 6-Ohm-Widerstände und lötet sie so zusammen, dass sie Kanten eines Würfels bilden.
Onkel Fritz sieht das und fragt: „Hört einmal zu, ihr beiden. Wie groß ist der Gesamtwiderstand zwischen zwei sich entlang einer Raumdiagonalen gegenüberliegenden Ecken des Würfels?"

88. Mikrowellen sind zum Kochen da
Erwin genießt das Leben. Wozu Wäsche waschen, es gibt doch eine Wäscherei. Wozu Geschirr spülen, es gibt doch eine Geschirrspülmaschine. Auch Essen zuzubereiten ist so einfach. Den Mikrowellenherd öffnen, das kalte Essen hinein schieben und schon nach kurzer Zeit ist das Essen heiß. Um Zeit zu sparen steckt Erwin heute den kalten Rotkohl vom Vortag gemeinsam mit der tiefgefrorenen Roulade in den Mikrowellenherd. Roulade und Beilage haben ungefähr dieselbe Menge. Nach 15 Minuten nimmt er sein Essen heraus. Der Rotkohl ist kochend heiß, doch welch eine Enttäuschung: Die Roulade ist immer noch eiskalt und im Innern sogar noch gefroren.
Können Sie Erwin das widersprüchliche Kochergebnis erklären?

Die Jahre fliehen pfeilgeschwind – Probleme aus der Relativitätstheorie

89. Hochgeschwindigkeitszüge machen kleiner
Marie ist mit ihren 1,63 m nicht allzu groß. Nicht dass es sie wirklich stört, aber ab und zu mogelt sie doch gern ein paar Zentimeter durch Schuhe mit hohen Absätzen hinzu. Vor kurzem hat Marie in einer Wissenschaftssendung gehört, dass schnell bewegte Objekte verkürzt erscheinen. Seit dieser Sendung meidet Marie Hochgeschwindigkeitszüge, und Flugzeuge sind für sie ein absolutes Tabu. Was ist Marie bei dieser Wissenschaftssendung wohl entgangen?

90. Schrumpfender Porsche

Endlich hat Martin seinen langgehegten Traum wahrgemacht und den superschnellen, schicken Porsche gekauft. Stolz präsentiert Martin Werner und Luise sein Schmuckstück. Während Werner tief beeindruckt vorsichtig über den Lack streicht, witzelt Luise mit Anspielungen auf die Längenkontraktion der speziellen Relativitätstheorie. „Jetzt musst du aber deine Garage umbauen. Bei den hohen Geschwindigkeiten wird sie sonst zu kurz für deinen Porsche."
Natürlich ist Luises Bemerkung ein Scherz. Ein Porsche mag ja schnell sein, aber verglichen mit der Lichtgeschwindigkeit von rund 300 000 km/s ist er immer noch extrem langsam. Relativistische Effekte spielen somit keine Rolle. Und Martin wird seinen Porsche sicher auch ganz, ganz langsam in die Garage manövrieren. Aber dennoch beginnt sofort eine hitzige Diskussion. „Nehmen wir doch mal an", überlegt Werner, „die Garage ist 5 m lang und zur Sicherheit an beiden Enden offen. Nun fährt der Porsche, der ebenfalls 5 m lang ist, mit fast Lichtgeschwindigkeit durch die Garage. Meiner Meinung nach schrumpft der Porsche, so dass die Garage ihn zu einem gewissen Zeitpunkt mehr als vollständig abdeckt."
Luise erwidert spöttisch: „Lieber Werner, da hast du aber die Längenkontraktion völlig falsch verstanden. Natürlich schrumpft die Garage, so dass der Porsche an beiden Seiten herausschaut. Ein Glück, dass die Garage an beiden Enden offen ist".
Martin ist ganz anderer Meinung: „Es ist doch völlig klar, dass beide gleichmäßig schrumpfen, so dass die Garage meinen Porsche zu einem bestimmten Zeitpunkt gerade abdeckt."
Wer hat die Längenkontraktion wirklich richtig verstanden?

91. Kräfte zwischen stromführenden Drähten

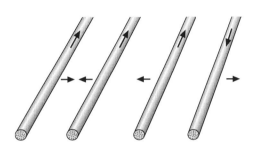

Frau Röntgen hatte es geschafft. Endlich ist Werner von ihrer Fachkompetenz überzeugt. Noch immer tief beeindruckt von seinem Physik-Volkshochschulkurs greift er zum Telefon, um Martin davon zu erzählen. „Stell dir vor, Frau Röntgen hat heute durch ein Paar paralleler Drähte einen Strom fließen lassen. Und was meinst du, was dann passierte?"
„Ich weiß schon", unterbricht ihn Martin, „Bei gleicher Stromrichtung zogen sich die Drähte an. Waren die Ströme entgegengesetzt gerichtet, stießen sich die Drähte ab."
Werner ist sprachlos. „Kennst du denn auch die fundamentale physikalische Erklärung?"
„Klar doch. Der eine Draht, nennen wir ihn Draht 1, erzeugt durch den Strom ein Magnetfeld. In diesem Magnetfeld bewegen sich die Elektronen des Drahtes 2." „Stopp", fährt Werner triumphierend dazwischen. „Du willst das Phänomen mit Hilfe klassischer Gesetze erklären. Ich habe aber nach der fundamentalen Erklärung gefragt. Hierbei kommt man nämlich vollkommen ohne den Begriff Magnetfeld aus." Kennen Sie die Lösung?

92. Karl kontra Einstein

„Die Relativitätstheorie ist Quatsch, und ich kann es dir beweisen", sagt Karl zu Rudi bei einem Glas Bier. „Ach ja?", meint Rudi zweifelnd. Aber Karl lässt sich nicht beirren. „Stell dir einmal vor, ich hätte einen extrem starken und sehr gut gebündelten Laserstrahl, mit dem ich von der Erde aus auf dem Mond einen hellen Fleck leuchten kann. Diesen Laser nehme ich in die Hand und drehe mich dann innerhalb von einer Sekunde einmal um meine eigene Achse, so dass der Laserstrahl dabei über den Mond streicht. Der Mond ist von der Erde etwa 384 000 km entfernt und seine Bahn um die Erde deshalb etwa 2 400 000 km lang. Der Lichtfleck meines Lasers rast also mit einer Geschwindigkeit von 2 400 000 km/s über die Mondoberfläche. Da die Lichtgeschwindigkeit nur etwa 300 000 km/s beträgt, ist dies die achtfache Lichtgeschwindigkeit. Nun behauptet Einstein in seiner Relativitätstheorie, dass die höchstmögliche Geschwindigkeit, die es überhaupt nur geben kann, die Lichtgeschwindigkeit von 300 000 km/s sei. Wie du siehst, ist das falsch. Also ist die Relativitätstheorie Quatsch." Wer irrt sich, Einstein oder Karl?

Schält sich der metallne Kern – Probleme aus der Atom- und Kernphysik

93. Wie alt ist eine Mumie?

„Fünftausendsiebenhundertdreißig Jahre alte menschliche Leiche entdeckt!" Martin war sofort von der Schlagzeile gefesselt. Als versierter Krimigucker wusste er natürlich, dass man den Todeszeitpunkt eines Menschen ziemlich genau bestimmen kann. In Krimis geht es allerdings um einen Zeitraum von Stunden oder Tagen.

Aber wie will man wissen, ob ein Mensch viertausend und nicht doch erst zweitausend Jahre oder sogar nur zweihundert Jahre lang tot ist, insbesondere wenn nur noch die Knochen übrig sind? Welche Erklärung können Sie Werner geben?

94. Atome können nicht stabil sein

Werner hegt wieder ernsthafte Zweifel an der fachlichen Kompetenz seiner Volkshochschullehrerin Frau Röntgen.

„Stell dir vor, sie hat doch tatsächlich behauptet, dass ein Atom aus Elektronen, Protonen und Neutronen besteht", erzählt er Martin. „Ja und, wo ist das Problem?", fragt sein Freund uninteressiert. „Das kann doch nicht stimmen," ereifert sich Werner. „Ein Proton ist ein positiv geladenes Teilchen, das Elektron ist negativ geladen, das Neutron können wir erst mal vergessen, da es ungeladen und für dieses Problem unbedeutend ist. Nun weiß selbst ich, dass ungleichnamige Ladungen sich anziehen. Proton und Elektron müssten also ineinander stürzen. Ein Atom kann somit nicht stabil sein."

„Ja, ein interessantes Problem", gibt Martin zu. „Aber die Lösung ist ganz einfach. Das ist ähnlich wie bei den Planetenbahnen. Der Mond wird von der Sonne aufgrund der Schwerkraft angezogen. Trotzdem bleibt der Mond immer schön oben und kreist um die Erde."

Werner ist zunächst sprachlos über die einfache Lösung, doch dann sagt er, ein klein wenig stolz über sein Wissen: „Wenn sich das Elektron auf einer Kreisbahn bewegt, wird es doch die ganze Zeit beschleunigt. Beschleunigte Ladungen strahlen aber Energie in Form von elektromagnetischer Strahlung ab. Das Elektron verliert Energie und kann sich somit nicht auf der Kreisbahn halten. Soweit ich weiß, kann man berechnen, dass es innerhalb kürzester Zeit in das Proton stürzt."

Martin ist verblüfft: „Wenn das stimmt, dann gibt es wirklich ein Problem mit der Stabilität der Atome." Können Sie das Problem lösen?

95. Abbremsen von Neutronen

Es ist Tag der offenen Tür. Luise, Martin und Werner nutzen die Gelegenheit, ein Kernkraftwerk einmal von innen zu sehen

Auf dem Weg nach Hause sind sie über die vielen Informationen etwas verwirrt. Ihnen ist zwar klar geworden, dass bei jedem Spaltprozess Neutronen entstehen, die dann abgebremst werden müssen, aber der richtige Durchblick fehlt.

„Habt ihr verstanden, wie man am besten die schnellen Neutronen abbremst?", fragt Luise.

„Ich denke, man nimmt am besten so richtig dichte, schwere Materialien, um die Neutronen aufzuhalten", antwortet Werner. „Ich würde Blei zum Abbremsen nehmen. Das ist wie bei einem Zusammenstoß von einem kleinen Pkw mit einem dicken Lkw. Der Pkw wird abgebremst, der Lkw merkt kaum etwas von dem Zusammenstoß."

Luise findet das Beispiel zwar geschmacklos, aber logisch. Martin hingegen äußert Bedenken. „Ein Neutron verhält sich aber nicht wie ein Pkw. Es ist eher wie ein Ball, den man gegen eine Hauswand wirft. Der Ball wird reflektiert, aber nicht abgebremst."

Auch das findet Luise logisch. „Klar, das versteh ich. Also muss man ein leichtes Material nehmen. Ich schlage Wasser zum Abbremsen der Neutronen vor."

Doch dem kann Werner überhaupt nicht zustimmen: „Das wäre dann ja so, als ob mein Auto mit einem Papierfetzen zusammenstößt. Wasser ist zum Abbremsen der Neutronen völlig ungeeignet." Welches Material würden Sie bevorzugen?

96. Verkürzung der Halbwertszeiten

„Die Kernenergie wäre eine feine Sache, wenn dabei nicht soviel radioaktiver Müll erzeugt werden würde, der viele tausend Jahre vor sich hin strahlt", sagt Martin. „Wenn ich einen Wunsch frei hätte, würde ich mir wünschen, dass alle radioaktiven Kerne nur noch eine Halbwertszeit von einer Sekunde hätten. Nach einer Sekunde hätten wir dann nur noch die Hälfte des Mülls, nach einer weiteren Sekunde nur noch ein Viertel, nach 10 Sekunden wären fast alle Kerne zerfallen."

Luise widerspricht energisch: „Ein Glück, dass dein Wunsch nicht in Erfüllung geht, sonst würdest du jedes menschliche Leben auf der Erde ausrotten."

Was würde mit dem menschlichen Körper passieren, wenn alle radioaktiven Atomkerne nur noch eine Halbwertszeit von einer Sekunde hätten?

Lösungshinweise

Alles rennet, rettet, flüchtet – Probleme aus der Kinematik

1. Superfliege
Stellen Sie sich vor, statt der Windschutzscheibe wäre eine dünne, sehr elastische Gummihaut wie von einem Luftballon in den Fensterrahmen gespannt. Was passiert nun, wenn die Fliege auf die Gummihaut trifft?

2. Schnelle Reaktionszeiten
Schätzen Sie ab, wie viel später Werner den Startschuss hört als der Siegläufer.

3. Die geknickte Rutsche
Überlegen Sie sich, wie sich die Durchschnittsgeschwindigkeiten der Briketts auf den beiden Rutschenteilen in den beiden Anordnungen zueinander verhalten.

4. Die Lastenrollen
Was passiert mit dem Stein? Bleibt er während des Transports zur Baustelle immer in der gleichen Stellung zu den Rollen?

5. Spuren im Schnee
Das Vorderrad ist lenkbar, das Hinterrad jedoch nicht, und beide Räder haben einen festen Abstand voneinander. Welche Auswirkungen hat dies auf die Reifenspuren?

6. Schneller als der Wind
Ein Eisboot fährt nicht in Richtung des Windes, sondern in Richtung seiner Kufen. Was passiert, wenn der Wind von schräg vorne kommt? Wie sollte man das Segel ausrichten?

7. Bewegung von Zügen
Stellen Sie sich vor, Sie befinden sich in einem Zug ohne Fenster. Woran können Sie erkennen, ob der Zug fährt?

8. Die verlorene Weinflasche
Versuchen Sie, als Bezugssystem für Ihre Überlegungen nicht das ruhende Ufer, sondern das fließende Wasser zu nehmen.

9. Der Flug des Phönix
Betrachten Sie doch einmal die Situation, dass die Windgeschwindigkeit gleich der Geschwindigkeit des Phönix relativ zur Luft ist.

Wo rohe Kräfte sinnlos walten – Probleme aus der Dynamik

10. Geschwindigkeit und Schiffe
Bevor die Kugel fallen gelassen wird, hat sie dieselbe Geschwindigkeit wie das Schiff. Die Luftreibung kann man vernachlässigen.

11. Das knallrote Gummiboot
Ist die Bootsgeschwindigkeit tatsächlich eine Komponente der Seilgeschwindigkeit?

12. Hilfspakete
Welche Geschwindigkeit hat das Paket, wenn es das Flugzeug verlässt?

13. Der fallende Eimer
Was passiert, wenn Sie zwei Ziegelsteine aufeinanderlegen und sie gemeinsam vom Dach fallen lassen?

14. Der Bierkrug am Faden
Denken Sie an die schwere Masse (Gewichtskraft des Bierkrugs) und an die träge Masse. Wie reagiert die träge Masse, wenn eine Kraft auf sie langsam erhöht wird, und wie, wenn sie schnell erhöht wird?

15. Reißende Leinen
Zieht man an einer Leine, so dehnt man die chemischen Bindungen zwischen den Leinenmolekülen. Welchen Einfluss hat dabei die Anzahl der Leinenmoleküle?

16. Rudi tritt Selma
Kann ein Körper von sich aus seine Bewegungsrichtung ändern?

17. Das Autorennen
Nach dem 2. Newton'schen Gesetz ist die Beschleunigung a eines Körpers der Masse m, auf den eine Kraft F wirkt, gerade $a = F/m$. Sind bei beiden Autos jeweils alle einander entsprechenden Größen wirklich gleich groß?

18. Tödliche Beschleunigungen
Die Ursache von Beschleunigungen sind Kräfte. Wenn man eine Kraft spürt, so hat die Kraft etwas mit dem eigenen Körper gemacht. Was hat sie gemacht? Und macht jede Kraft dies?

19. Die Federwaage
Wie ändert sich die Länge der Feder, wenn sich das an ihr hängende Gewicht verändert? Was hat dies für Folgen für den Faden, der von der Waage bis zum Boden gespannt ist?

Und dreht um die schnurrende Spindel den Faden – Probleme zu Drehbewegungen

20. Der kippende Klotz
Wann kippt ein Körper? Was passiert mit dem Schwerpunkt des Körpers beim Kippen? Sagt Rudi überhaupt die Wahrheit?

21. Schieben oder Ziehen?
Wenn die Karre auf einer ebenen Strecke mit einer konstanten Geschwindigkeit bewegt wird, muss nur die Reibungskraft überwunden werden. Wovon hängt die Reibungskraft ab?

22. Brote landen immer auf der Marmeladenseite
Schätzen Sie ab, wie viele Umdrehungen ein Brot machen kann, bevor es den Fußboden erreicht.

23. Der Riementrieb
Die Kraftübertragung durch den Riementrieb wird dadurch begrenzt, dass der Riemen ab einer bestimmten Kraft auf den Rollen durchrutscht. Wovon hängt die Haftung des Riemens auf den Rollen ab?

24. Die Garnrolle
Um die Garnrolle rollen zu lassen, muss ein Drehmoment auf sie ausgeübt werden. Wie sehen die Kraft und der Kraftarm dieses Drehmoments aus? Wo befindet sich der Drehpunkt dieser Drehung?

25. Die Schnur am Fahrrad
Das Pedal führt zwei Bewegungen gleichzeitig aus: Es dreht sich im Kreis und bewegt sich dabei mit dem Rad vorwärts. Wie sieht folglich die Gesamtbewegung aus?

26. Schneller als der freie Fall
Ein ausgedehnter Körper kann sich beim freien Fall auch noch drehen. Was hat dies für Konsequenzen für die Beschleunigung einzelner Punkte des Körpers?

Schwingt den Hammer, schwingt – Probleme zum Impuls und zur Energie

27. Das Billardspiel
Sind wirklich die beiden Behauptungen über die Energie und den Impuls der Kugel nach dem Stoß völlig richtig?

28. Die Tauben im Wagen
Was passiert eigentlich mit der Luft unter den Flügeln, wenn die Tauben fliegen?

29. Eine Bootsfahrt mit Hindernissen
Was unterscheidet den Absprung von festem Boden, von dem von einem Boot im Wasser?

30. Der umweltfreundliche Wasserantrieb
Stellen Sie die Impulsbilanz auf und überlegen Sie, ob der Impuls des Waggons wirklich konstant bleibt.

31. Die verschwundene Energie
Läuft wirklich genau die Hälfte des Wassers durch den Schlauch in das andere Gefäß und kommt der Prozess dann in dem Augenblick zur Ruhe, in dem dies erreicht ist? Oder läuft zunächst einmal mehr als die Hälfte des Wassers in das andere Gefäß? Was bringt dann den Prozess zur Ruhe?

32. Der Affe am Seil
Betrachten Sie den Affen, das Seil und den Spiegel einmal getrennt und untersuchen Sie, welche Kräfte auf jedes dieser Objekte wirken.

Und grenzen an die Sternenwelt – Probleme über Gravitation und Himmelskörper

33. Hochsprung auf dem Mond
Der Schwerpunkt des Körpers muss beim Springen angehoben werden. In welcher Körperhaltung springt man ab, und in welcher Körperhaltung überquert man die Latte beim Hochsprung?

34. Sternenzahl
Überlegen Sie, wie man schnell und relativ genau die Kopfhaare eines Menschen bestimmen kann. Versuchen Sie die Lösung auf das Sternenproblem zu übertragen.

35. Das Feuer der Sonne
Energie kann nicht aus dem Nichts erzeugt werden.

36. Die Anziehungskraft einer Kaffeetasse
Die Masse der Erde ist um ein Vielfaches größer als die Masse der Kaffeetasse.

37. Raumschiff
Raketen bewegen sich durch den Ausstoß von Gas vorwärts (Rückstoßprinzip). Wie kann Erwin das Prinzip des Rückstoßes nutzen, um rechtzeitig sein Raumschiff zu erreichen?

38. Erduntergang
Vergleichen Sie die Zeit, die der Mond für eine Drehung um sich selbst braucht, mit der Zeit für eine Drehung um die Erde.

39. Satelliten fallen nicht auf die Erde
Was passiert mit einem Satelliten, wenn keine Gravitationskraft wirken würde?

40. Das paradoxe Gravitationsgesetz
Unter welchen Umständen gilt das Newton'sche Gravitationsgesetz $F = \gamma\, m_1 \cdot m_2/r^2$? Der künstliche Planet muss nicht unbedingt kugelförmig sein.

41. Jahreszeiten
Die Erdachse ist relativ zur Bahnachse geneigt.

42. Langer Sommer
Die Bahnkurve der Erde um die Sonne ist ellipsenförmig. Der Bahndrehimpuls, das heißt, das Produkt aus Impuls der Erde und ihrem Bahnradius, ist konstant.

43. Kometenschweif
Eine Seifenblase kann man leicht wegpusten, einen Stuhl nicht.

44. Mondleuchten
Warum sieht ein Mensch einen Tisch, obwohl dieser nicht von sich aus leuchtet?

Fließe nach der rechten Weise – Probleme zu Gasen und Flüssigkeiten

45. Zwei Luftballons
Versuchen Sie einmal, in einen leeren Ballon und einmal, in einen aufgeblasenen Ballon einen Liter Luft zu pusten. Was geht schwerer?

46. Kaffee und Milch
Ein Teil des Kaffees fehlt in der Kaffeetasse. Durch was wurde dieser Kaffee ersetzt?

47. Die Schiffsbrücke bei Magdeburg
Denken Sie an das archimedische Prinzip!

48. Das Loch im Boot
Wie hoch ist der Wasserspiegel im Boot verglichen mit dem Wasserspiegel des Sees bevor Rudi ein Loch in den Boden bohrt?

49. Die Rheinfahrt
Welche Gesamtkraft wirkt auf der Rheinfahrt in vertikaler Richtung?

50. Das Bier im See
Wie viel Wasser verdrängt die Kiste Bier, wenn sie in dem Gummiboot steht, und wie viel verdrängt sie, wenn sie auf dem Seeboden steht?

51. Ballons beim Bremsen
Was ist die Ursache des Auftriebs? Welche Auftriebe gibt es beim Bremsen des Autos und welche bei einer Kurvenfahrt?

52. Ebbe und Flut
Was passiert eigentlich mit einem Schiff bei Ebbe und Flut?

53. Ein Kilogramm Federn und ein Kilogramm Blei
Das Kilogramm ist eine Masseneinheit, Waagen jedoch zeigen Gewichtskräfte an. Welche Kräfte wirken auf das Blei und auf die Federn?

Kocht des Kupfers Brei – Probleme aus der Thermodynamik

54. Polkappen schmelzen
Das zu Wasser geschmolzene Eis verteilt sich auf die Weltmeere. Die Massenverteilung der Erde wird somit geändert.

55. Kühlschrankkühlung
Stellen Sie doch einmal eine Energiebilanz für den Raum auf. Fließt Energie in den Raum herein oder hinaus?

56. Ausdehnung von Münzen
Denken Sie sich die Münze in viele kleine Elemente zerlegt, die sich alle bei Erwärmung ausdehnen.

57. Erwärmen von Kugeln
Die beiden Kugel werden durch die Energiezufuhr nicht nur wärmer, sondern auch größer. Was passiert dabei mit den Schwerpunkten der beiden Kugeln?

58. Hitze und kalte Getränke
Allgemein gilt: Bringt man einen heißen Körper in Kontakt mit einem kalten, erwärmt sich der kalte Körper unter gleichzeitiger Abkühlung des warmen Körpers. Was kann zusätzlich passieren, wenn man der Bowle zu viel Eis hinzufügt?

59. Milchkaffee
Nach welcher zeitlichen Funktion kühlt sich der Kaffee ab? Wovon hängen die Parameter dieser Funktion ab? Wie ändert sich die Temperatur, wenn zwei verschieden warme Flüssigkeiten zusammengekippt werden?

60. Eisgekühlte Bloody Mary
Denken Sie an das archimedische Prinzip!

61. Mikrowelle und Eier
Das Innere von Eiern ist flüssig und besteht im Wesentlichen aus Wasser.

62. Wärmeenergie
Überlegen Sie sich, wie sich das Volumen, der Druck und die innere Energie in dem Zimmer durch das Erhöhen der Temperatur ändern.

63. Heißer Dampf und Schnellkochtopf
Denken Sie darüber nach, welchen Druck der Wasserdampf nach Austritt aus dem Schnellkochtopf hat und was dann mit dem Dampf passiert.

64. Wasser kochen mit kochendem Wasser
Was ist nötig, um aus 100 °C heißem Wasser 100 °C heißen Wasserdampf zu machen?

65. Kalt ist nicht gleich kalt
Man empfindet einen Gegenstand, den man berührt, als kalt, wenn der Gegenstand Wärme von der Hand abgeführt und die Hand selbst kälter wird.

66. Fliegende Steine
Denken Sie über die mikroskopische Erklärung von Temperatur nach.

67. Kopfschmerzen durch herumfliegende Luft
Schätzen Sie ab, welcher Impuls beim Stoß z. B. eines Stickstoffmoleküls auf ihren Kopf übertragen wird.

68. Gekochte Kartoffeln sind nicht immer weich
Die Siedetemperatur von Wasser ist abhängig vom Luftdruck.

69. Wasser kocht durch Abkühlen
Der Siedepunkt von Wasser ist abhängig vom Luftdruck.

70. Rote und blaue Strahlung
Wenn ein massives Objekt erhitzt wird, glüht es zuerst rot.

Taghell ist die Nacht gelichtet – Probleme aus der Optik

71. Spieglein, Spieglein an der Wand…
Der Mensch ist annähernd symmetrisch. Seine Symmetrieebene verläuft senkrecht durch den Körper vom Scheitel bis zu den Sohlen. Seine linke Hälfte sieht fast genauso aus wie seine rechte.
Wenn sich nun ein völlig asymmetrisches Wesen im Spiegel betrachten würde, könnte es dann auch sagen, dass ein Spiegel rechts und links vertauscht?

72. Ein ehrlicher Spiegel
Wie sieht das Spiegelbild eines Spiegelbildes aus?

73. Der Wandspiegel
Damit Susi sich vollständig in dem Spiegel betrachten kann, muss sie ihr Füße und ihren Scheitel sehen können. Dann kann sie auch den Rest ihres Körpers sehen. Konstruieren Sie für diese beiden Körperpunkte die Lichtstrahlen zu den Augen.

74. Straßen werden zu Spiegeln
Es ist nicht der Asphalt, der zum Spiegel wird. Die Luft über der Straße ist Ursache für die Spiegelbilder. Überlegen Sie, wie der Temperaturverlauf der Luft über dem Asphalt ist und welche Eigenschaften dies auf den Brechungsindex der Luft hat.

75. Durchsichtig oder spiegelnd?
Was passiert mit einem Lichtstrahl, der auf eine Grenzfläche zwischen zwei Medien fällt? Ist es tatsächlich so, dass er entweder vollständig in das andere Medium eindringt oder vollständig reflektiert wird?

76. Das seltsame Verhalten von Zylinderlinsen
Schauen Sie sich einmal die Form der Buchstaben an.

77. Die Röntgenbrille
Welche Wellenlängen der elektromagnetischen Strahlen kann das menschliche Auge sehen?

78. Geisterbilder
Luises Fenster sind doppelt verglast.

79. Oberfläche eines Spiegelteleskops
Eine Oberfläche erscheint rau, wenn das Licht diffus in alle Richtungen gestreut wird. Dazu muss die Wellenlänge kleiner sein als die Größe der Unebenheiten auf der Oberfläche.

Rein und voll die Stimme schalle – Probleme aus der Akustik

80. Gitarre
Verkürzt man die Länge einer Gitarrensaite, bleibt die Schallgeschwindigkeit konstant. Auf der Gitarrensaite bildet sich eine stehende Welle aus. Welche Konsequenz hat somit eine Änderung der Saitenlänge auf die Wellenlänge der Schallwelle?

81. Motorengeräusch beim Autorennen
Die Motorengeräusche werden mit einem fest stehenden Mikrofon aufgenommen. Wenn die Autos auf das Mikrofon zufahren, sind die Motorengeräusche hoch. Entfernen sie sich vom Mikrofon, sind sie tiefer.

82. Tauchen behindert die Orientierung
Zum Orten einer Schallquelle nutzt das menschliche Gehirn die zeitliche Reihenfolge, mit der die Schallwellen die Ohren treffen.

83. Der Krieg der Sterne ist lautlos
Was unterscheidet Schallwellen von Lichtwellen?

84. Basslautsprecher wohin
Luises Subwoofer sendet Frequenzen zwischen 33 und 180 Hz aus. Welche Wellenlängen haben diese Schallwellen?

Weicht der Mensch der Götterstärke – Probleme aus der Elektrodynamik

85. Ladung aus Energie
Ist elektromagnetische Strahlung neutral oder trägt sie eine elektrische Ladung?

86. Das Kondensatorparadoxon
Die Verbindungsleitungen sind Spulen mit einer einzigen ungekrümmten Windung. Untersuchen Sie das zeitliche Verhalten der Schaltung.

87. Der Widerstandswürfel
Angenommen, an den beiden diagonal gegenüberliegenden Ecken des Widerstandswürfels würde eine Spannung angelegt werden. Punkte, die die gleiche Spannung haben, kann man ohne weiteres durch Drähte verbinden, ohne dass sich etwas an den Spannungen und Strömen in der Schaltung und damit auch am Gesamtwiderstand ändert.

88. Mikrowellen sind zum Kochen da
Speisen werden in Mikrowellenherden heiß, weil die Wassermoleküle im Essen zum Schwingen gebracht werden. Dazu müssen die Wassermoleküle frei beweglich sein.

Die Jahre fliehen pfeilgeschwind – Probleme aus der Speziellen Relativitätstheorie

89. Hochgeschwindigkeitszüge machen kleiner
Nach der speziellen Relativitätstheorie gilt tatsächlich, dass schnell bewegte Objekte verkürzt erscheinen. Bedenken Sie aber, wie schnell man sein muss und in welcher Richtung eine Verkürzung erfolgt.

90. Schrumpfender Porsche
Was ein Beobachter sieht, ist abhängig von seinem Bewegungszustand.

91. Kräfte zwischen stromführenden Drähten
Auf bewegte Ladungen wirkt die Lorentzkontraktion. Wie ändert sich die Ladungsdichte, wenn man sich in das Ruhesystem der Elektronen eines Drahtes begibt?

92. Karl kontra Einstein?
Gilt die Lichtgeschwindigkeit für jede nur denkbare Geschwindigkeit als Obergrenze oder macht die Relativitätstheorie dabei Einschränkungen?

Schält sich der metallne Kern – Probleme aus der Atom- und Kernphysik

93. Wie alt ist eine Mumie?
Die Knochen eines Menschen bestehen zu einem hohen Anteil aus Kohlenstoff. Es gibt verschiedene Arten von Kohlenstoffkernen. Eine Art ist stabil, die andere hingegen ist radioaktiv und zerfällt nach einer bestimmten Zeit. Beide Kernarten werden vom Menschen durch die Nahrung aufgenommen und vom menschlichen Körper völlig gleich behandelt. Was passiert mit den Kernen, wenn ein Mensch stirbt?

94. Atome können nicht stabil sein
Elektronen haben neben den Teilchen- auch Welleneigenschaften. Die Wellenlänge eines Elektrons im Atom beträgt ungefähr 10^{-10} m, das entspricht dem Atomdurchmesser.

95. Abbremsen von Neutronen
Überlegen Sie, unter welchen Bedingungen der Impulsübertrag maximal ist. Der Stoß soll vollkommen elastisch sein.

96. Verkürzung der Halbwertszeiten
Der menschliche Körper enthält ungefähr 10^{20} radioaktive Kerne (hauptsächlich Kaliumkerne). Bei jedem Zerfall wird Energie an den menschlichen Körper abgegeben, pro Zerfall ca. $2 \cdot 10^{-13}$ J.

Lösungen

Alles rennet, rettet, flüchtet – Probleme aus der Kinematik

1. Superfliege
Im Prinzip hat Willi Wuchtig recht: Bei dem Zusammenstoß der Fliege mit dem Lastwagen gibt es tatsächlich einen kurzen Moment, in dem die Fliege die Geschwindigkeit 0 km/h hat. Folglich muss auch der Lastwagen, mit dem die Fliege ja fest verbunden ist, in diesem Augenblick die Geschwindigkeit 0 km/h haben. Allerdings gilt dies nicht für den kompletten Lastwagen, sondern nur für den kleinen Teil der Windschutzscheibe, auf dem die Fliege klebt.

Man kann sich die Windschutzscheibe wie eine dünne Gummihaut vorstellen, die in den Fensterrahmen gespannt ist. Wenn die Fliege mit der Gummihaut zusammentrifft, wird sie eingedrückt und bremst dabei die Fliege auf 0 km/h ab. Der Punkt der Gummihaut, auf dem die Fliege sitzt, hat dann selbstverständlich auch die Geschwindigkeit 0 km/h. Dann entspannt sich die Gummihaut wieder und beschleunigt die Fliege in Fahrtrichtung des Lastwagens. Genau genommen schwingt die Gummihaut sogar einige Male hin und her, bis sie durch die Reibung wieder zur Ruhe kommt.

Nun ist eine Glasscheibe zwar keine Gummihaut, aber sie ist dennoch elastisch. Deshalb wird sie, genau wie die Gummihaut, durch die auftreffende Fliege eingedrückt, wenn auch bei weitem nicht so stark wie diese.

Das Geräusch, das man beim Auftreffen der Fliege hört, entsteht übrigens durch das Schwingen der Glasscheibe, das sich auf die Luft überträgt und dann zum Ohr gelangt.

2. Schnelle Reaktionszeiten
Der Startschuss breitet sich als Schallwelle mit einer Geschwindigkeit v von rund 330 m/s aus. Die Schallwelle muss bis zu Werners Ohren eine etwa 10 m längere Strecke zurücklegen als bis zu den Ohren des Siegläufers. Für diesen Wegunterschied von $s = 10$ m braucht die Schallwelle $t = s/v = 0{,}03$ s.

Werner darf sich in der Tat als der eigentliche Sieger fühlen.

Bei wichtigen Rennen wird deshalb mit elektronischen Pistolen geschossen. Das Startsignal wird elektronisch mit nahezu Lichtgeschwindigkeit an die Startpositionen weitergeleitet und dort erst in ein Schallsignal umgewandelt. Die Läufer in den Außenbahnen werden somit nicht benachteiligt.

3. Die geknickte Rutsche

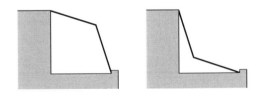

Wenn ein Brikett auf das obere Ende der Rutsche gelegt wird, hat es keine Anfangsgeschwindigkeit.

Kommt bei der Rutsche zuerst das flache Brett, so nimmt dort die Geschwindigkeit des Briketts nur langsam zu und es braucht deshalb für das erste Brett eine lange Zeit.

Auf dem nachfolgenden steilen Brett nimmt die Geschwindigkeit rasch zu, und es benötigt hierfür nur eine kurze Zeit.

Hat die Rutsche zuerst das steile Brett, so nimmt die Geschwindigkeit des Briketts schnell zu, und es ist nur sehr wenig länger auf diesem Brett wie auf dem steilen Brett in der ersten Anordnung der Rutsche. Auf das dann folgende flache Brett gelangt das Brikett mit der hohen Endgeschwindigkeit des steilen Bretts. Die Geschwindigkeit erhöht sich zwar nicht mehr stark, aber es rutscht trotzdem wegen seiner hohen Geschwindigkeit schnell das flache Brett hinunter.

Die Briketts gelangen folglich in der zweiten Anordnung der Rutsche schneller in den Keller.

4. Die Lastenrollen

Wir ändern das eigentliche Problem zunächst einmal ein wenig ab.

Die Baumstämme, die den Durchmesser d haben, sind diesmal auf festen Achsen an einer Wand montiert. Sie können sich zwar frei drehen, kommen allerdings nicht vom Fleck. Auf den Baumstämmen liegt eine Last, und von unten wird auch eine Last gegen die Stämme gedrückt. Wenn sich die Stämme nun drehen,

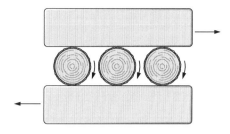

schieben sie bei einer Umdrehung um die eigene Achse die obere Last um eine Strecke nach rechts, die gleich ihrem Umfang πd ist. Die untere Last wird gleichzeitig um die gleiche Strecke nach links geschoben. Das heißt, die obere und die untere Last haben sich bei einer Umdrehung um zwei Stammumfänge $2\pi d$ auseinander bewegt.

Nun zum eigentlichen Problem: Dort ist der Boden unter den Stämmen, also die untere Last, unbeweglich, aber die Stämme selbst können rollen. Trotzdem ändert sich an den Verhältnissen der Stämme und der oberen und unteren Last zueinander nichts. Das heißt, die obere Last hat sich bei einer Umdrehung der Stämme um zwei Umfänge $2\pi d \approx 6{,}28$ Ellen gegenüber dem Boden nach rechts verschoben.

5. Spuren im Schnee

Man kann im Schnee an Kreuzungspunkten der Spur erkennen, welches das Vorder- und welches das Hinterrad ist. Aber daraus kann man nicht folgern, in welche Richtung das Rad fuhr. In der Zeichnung aus der Aufgabe fehlt sogar noch diese Information. Sie ist aber auch gar nicht notwendig.

Das Hinterrad ist nicht lenkbar. Deshalb muss

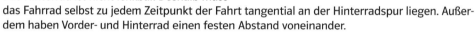

das Fahrrad selbst zu jedem Zeitpunkt der Fahrt tangential an der Hinterradspur liegen. Außerdem haben Vorder- und Hinterrad einen festen Abstand voneinander.

Zeichnet man also Tangenten an die Hinterradspur, so müssen diese immer die Vorderradspur schneiden. Die Tangentenstücke zwischen den beiden Spuren entsprechen dem Radabstand und müssen folglich immer gleich lang sein.

Tangenten an der dicken Spur schneiden nicht immer die dünne Spur, beispielsweise eine Tangente am untersten Punkte der dicken Spur. Somit muss sie die Vorderradspur sein. Zeichnet man eine Tangente an die dünne Hinterradspur, stellt man fest, dass sie die Vorderradspur jeweils zweimal schneidet. Jedoch nur die Tangentenstücke, die jeweils links vom Berührpunkt liegen, sind immer gleich lang. Folglich befand sich das Vorderrad immer links vom Hinterrad, und Moritz fuhr mit seinem Fahrrad nach links.

6. Schneller als der Wind

Ein Eisboot fährt nicht in Richtung des Windes, sondern in Richtung seiner Kufen. Um schneller als der Wind zu fahren, richtet man das Boot so aus, dass der Wind relativ zum fahrenden Boot von schräg vorn kommt, und stellt das Segel so, dass der Wind dennoch gegen seine Rückseite bläst. Dies ist bei jeder Windgeschwindigkeit (außer bei Windstille)

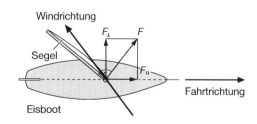

und jeder Geschwindigkeit des Bootes möglich. Der Wind übt eine Kraft F auf das Boot aus, die senkrecht zum Segel steht. Diese Kraft kann in eine Komponente $F_\perp$ quer zur Fahrtrichtung und in eine Komponente $F_\parallel$ in Fahrtrichtung des Bootes zerlegt werden. Die Komponente $F_\perp$ bleibt ohne Einfluss, denn das Boot kann sich in diese Richtung nicht bewegen. Die Komponente $F_\parallel$ hingegen beschleunigt das Boot immer weiter. Wenn es keine Reibungskräfte gäbe, könnte es auf diese Weise theoretisch beliebig hohe Geschwindigkeiten erreichen. Tatsächlich kann ein Eisboot mit etwa zwei- bis dreifacher Windgeschwindigkeit segeln.

7. Bewegung von Zügen

Es ist ein physikalisches Prinzip, dass man nicht zwischen Ruhe und konstanter Geschwindigkeit unterscheiden kann. Befindet man sich in einem Raum ohne Fenster, gibt es kein Experiment, dass entscheiden kann, ob der Raum ruht oder sich mit konstanter Geschwindigkeit bewegt. Sitzt man in einem Zug und sieht einen anderen Zug vorbeifahren, kann man nicht entscheiden, welcher Zug sich bewegt, vorausgesetzt der eigene Zug bewegt sich mit konstanter Geschwindigkeit.

Nun fährt aber ein Zug nie mit konstanter Geschwindigkeit. Dies kann man z. B. deutlich durch das unvermeidbare Ruckeln durch Querbeschleunigungen spüren. Im Allgemeinen kann man deshalb sehr wohl erkennen, ob der eigene Zug sich bewegt.

Schwierig wird es dann, wenn man während der Fahrt eingeschlafen ist und erst wach wird, wenn der Zug angehalten hat. Und dies ist Marie passiert. Ihr Zug steht, und sie sieht durch das Fenster nur den fahrenden Zug auf dem Nachbargleis und sonst nichts. Sie hat deshalb keine Möglichkeit, eindeutig zu entscheiden, welcher der beiden Züge fährt.

8. Die verlorene Weinflasche

Die Aufgabe lässt sich nur durch mühsame Rechnerei lösen, wenn man sich bei allen Geschwindigkeiten und Strecken auf das ruhende Flussufer bezieht. Sie wird jedoch ganz einfach, wenn man das Bezugssystem mit dem Wasser fließen lässt, oder anders ausgedrückt, wenn man das Wasser als ruhend betrachtet und das Ufer als sich bewegend.

Die ins Wasser gefallende Flasche rührt sich in diesem System nicht vom Fleck, da sie die gleiche Geschwindigkeit hat wie der Fluss. Um die Bootsgeschwindigkeiten relativ zum Wasser zu ermitteln, muss man flussaufwärts zur Bootsgeschwindigkeit relativ zum Ufer die Wassergeschwindigkeit hinzuzählen (3 km/h + 2 km/h = 5 km/h) und flussabwärts abziehen (7 km/h - 2 km/h = 5 km/h). Das Boot hat also flussabwärts wie auch flussaufwärts relativ zum Wasser die gleiche Geschwindigkeit von 5 km/h. Da das Boot auf den Wegen von der ruhenden Flasche fort und zur ruhenden Flasche hin die gleiche Geschwindigkeit hat und der erste Weg eine halbe Stunde dauert, muss auch der zweite Weg eine halbe Stunde dauern. Die Flasche treibt also genau eine Stunde lang im Wasser.

9. Der Flug des Phönix

Man neigt spontan zu der Ansicht, dass der Wind, der das Flugzeug auf dem Hinweg schneller macht, es auf dem Rückweg so viel verlangsamt, dass sich die beiden Effekte gerade ausgleichen, und dass darum das Flugzeug bei Wind insgesamt genauso lange unterwegs ist wie bei Windstille. Dies lässt sich anscheinend sogar mit einer einfachen Rechnung begründen. Hat der Phönix relativ zur Luft die Geschwindigkeit v, so hat er bei Windstille auf dem gesamten Flug auch eine Geschwindigkeit relativ zum Boden von v. Weht jedoch ein Wind der Geschwindigkeit u, so beträgt die Geschwindigkeit relativ zum Boden auf dem Hinflug $v + u$ und auf dem Rückflug $v - u$. Der Durchschnittsgeschwindigkeit w des gesamten Fluges beträgt also

$$w = \frac{(v+u)+(v-u)}{2}.$$

Dennoch ist dies falsch! Diese Mittelwertbildung wäre nur dann korrekt, wenn der Phönix mit beiden Geschwindigkeiten $v + u$ und $v - u$ jeweils gleich lange flöge, und das ist natürlich nicht der Fall. Da er aber mit der niedrigen Geschwindigkeit länger fliegt als mit der höheren, ist die Durchschnittsgeschwindigkeit des Gesamtflugs niedriger als v. Somit dauert der Flug an windigen Tagen immer länger als an windstillen.

Am einfachsten erkennt man dies, wenn man den Extremfall betrachtet, dass die Windgeschwindigkeit gerade gleich der Fluggeschwindigkeit relativ zur Luft ist, also $u = v$. Auf dem Hinflug hätte der Phönix dann relativ zum Boden die Geschwindigkeit $2v$ und würde Berlin in nur der halben Zeit erreichen, wie bei Windstille. Auf dem Rückflug hingegen wäre seine Geschwindigkeit zum Boden 0 und er käme gar nicht vom Fleck. Die Gesamtzeit für Hin- und Rückflug wäre somit unendlich lang.

Mit einer einfachen Rechnung erhält man für die Durchschnittsgeschwindigkeit relativ zum Boden die Gleichung

$$w = v - \frac{u^2}{v}.$$

Wo rohe Kräfte sinnlos walten – Probleme aus der Dynamik

10. Geschwindigkeit und Schiffe

Luise tut gut daran, nicht auf den Mast zu klettern. Dies ist mit einem hohen Risiko für ihre Gesundheit verknüpft und zur Messung der Schiffsgeschwindigkeit völlig ungeeignet. Warum? Angenommen, man würde wirklich auf die Spitze des Schiffsmastes klettern und die Kugel loslassen. Welche Geschwindigkeit hat dann die Kugel auf der Mastspitze? Natürlich hat sie die Geschwindigkeit des Schiffs. Die Kugel startet ihren freien Fall nicht etwa mit der Geschwindigkeit null, sondern mit der Schiffsgeschwindigkeit. Ändert sich die Geschwindigkeit der Kugel in Schiffrichtung? Nein! Da keine Kräfte wirken, behält die Kugel die Geschwindigkeitskomponente in Schiffsrichtung bei. (Verluste durch die Reibung der Luft sind vernachlässigbar klein.)

Dies hat zur Konsequenz, dass die Kugel senkrecht unter dem Punkt, an der sie fallengelassen wurde, auf das Schiffsdeck schlägt, ganz egal, wie schnell das Schiff fährt.

11. Das knallrote Gummiboot

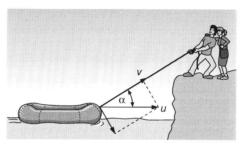

Man darf nicht die Geschwindigkeit v des Seils betrachten, sondern man muss die Geschwindigkeit u des Bootes zerlegen. In Richtung des Seils hat das Boot die Geschwindigkeit $v = u \cdot \cos\alpha$. Das heißt, die Bootsgeschwindigkeit beträgt $u = v/\cos\alpha$ und wächst folglich mit größer werdendem Winkel α. Susis Beobachtung war also richtig.

Mit etwas Mathematik lässt sich dies auch leicht herleiten. Wenn Rudi sein Boot um ein infinitesimal kleines Stückchen dx näher zum Ufer zieht, so verkürzt sich die Seillänge von l auf $l - dl$. Die drei Strecken dx, l und $l - dl$ bilden ein Dreieck mit dem Winkel α zwischen den Seiten l und dx. Nach dem Kosinussatz gilt zwischen diesen Größen die Beziehung

$$(l - dl)^2 = l^2 + (dx)^2 - 2l \cdot dx \cdot \cos\alpha.$$

Multipliziert man die linke Gleichungsseite aus, so wird daraus

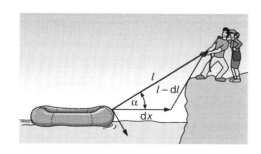

$$l^2 - 2l \cdot dl + dl^2 = l^2 + (dx)^2 - 2l \cdot dx \cdot \cos\alpha.$$

Dies lässt sich zu

$$dl = dx \cdot \cos\alpha$$

vereinfachen. Teilt man nun noch beide Seiten durch die Zeit dt, die das Boot benötigt, um die Strecke dx zurückzulegen, erhält man

$$\frac{dl}{dt} = \frac{dx}{dt} \cdot \cos\alpha.$$

Dabei ist $dl/dt = v$ die Geschwindigkeit des Seils und $dx/dt = u$ die Geschwindigkeit des Bootes, und man bekommt

$$v = u \cdot \cos\alpha.$$

12. Hilfspakete

Wenn ein Gegenstand aus dem Flugzeug fallen gelassen wird, fällt er nicht einfach nach unten. Eine solche Bewegung würde voraussetzen, dass das Hilfsgut keine horizontale Geschwindigkeitskomponente hat. Dies ist aber nicht der Fall. Wird das Hilfsgut abgeworfen, hat es dieselbe Geschwindigkeit wie das Flugzeug und somit eine horizontale Geschwindigkeitskomponente. Ist der Luftwiderstand vernachlässigbar, bewegt sich das fallende Hilfsgut weiterhin mit der Geschwindigkeit des Flugzeugs vorwärts.
Es ist somit sinnvoll, dass das Flugzeug das Hilfsgut vor dem Ziel fallen lässt.

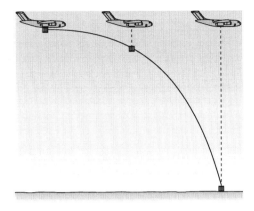

13. Der fallende Eimer

Beim freien Fall des Wassereimers vom Dach werden der Eimer, jeder einzelne Wassertropfen und auch der Korken unabhängig voneinander genau gleich beschleunigt. Der Eimer schirmt die Lufttreibung vom Wasser ab, und das Wasser die Lufttreibung vom Korken. Solange der Eimer frei fällt, gibt es außerdem keinen Auftrieb des Korkens im Wasser. Folglich bleibt der Korken bis zu dem Augenblick, in dem der Eimer auf dem Rasen aufschlägt, am Boden des Eimers liegen.

14. Der Bierkrug am Faden

Wenn Rudi die Runde Bier nicht bezahlen will, muss er sagen, er nehme die Wette nicht an. Denn wenn er sie annähme, würde er sie auf jeden Fall verlieren. Warum?
Wenn Karl langsam an dem Fadenende zieht, so wirkt auf den unteren Faden genau diese Zugkraft. Auf den oberen Faden hingegen wirken die Zugkraft und zusätzlich noch die Gewichtskraft des Bierkruges. Folglich reißt der obere Faden zuerst.
Zieht Karl jedoch ruckartig an dem Fadenende, so kann der Bierkrug wegen der Trägheit seiner Masse die Bewegung nicht schnell genug mitmachen und bleibt dort, wo er ist. Das heißt, auf den oberen Faden wirkt nur die Gewichtskraft des Bierkruges und auf den unteren Faden die deutlich größere Zugkraft. Folglich reißt diesmal der untere Faden.
Karl kann das Ergebnis des Experiments also immer zu seinen Gunsten beeinflussen.

15. Reißende Leinen

Zieht man an einer Leine, so werden die chemischen Bindungen zwischen den Molekülen der Leine gedehnt. Dazu ist Energie notwendig. Zieht man gleichzeitig mit der gleichen Kraft an zwei gleichen Leinen, von denen die eine aber doppelt so lang ist wie die andere, so müssen bei der längeren Leine doppelt so viele Bindungen gedehnt werden wie bei der kürzeren. Um die längere Leine zu zerreißen, muss also etwa doppelt soviel Energie aufgebracht werden, wie bei der kürzeren. Das bedeutet, die längere Leine reißt später.

16. Rudi tritt Selma

Um Rudis Problem zu lösen, betrachten wir als Beispiel ein fahrendes Auto. Was bedeutet es, wenn man ein Auto beschleunigt? Man ändert die Geschwindigkeit, zum Beispiel von 15 km/h auf 75 km/h. Aber das ist nur die halbe Wahrheit. Auch eine Richtungsänderung ist eine Beschleunigung. Niemals würde ein Auto von sich aus die Richtung ändern, es muss hierzu beschleunigt werden. Die Geschwindigkeit des Autos ist nur dann konstant, wenn das Tachometer im Auto immer denselben Wert anzeigt und es immer geradeaus fährt.
Man braucht also eine Kraft, um eine Geschwindigkeit zu ändern. Wirkt die Kraft parallel zur Bewegungsrichtung, wird die Geschwindigkeit größer. Wirkt die Kraft senkrecht zur Bewegungsrichtung, bleibt der Betrag der Geschwindigkeit konstant, aber die Richtung ändert sich. Genau dies ist bei Rudis nicht gerade nettem Tritt gegen die Katze passiert. Der Tritt war senkrecht zu Selmas Bewegung und hat deshalb nur die Richtung, nicht aber den Betrag der Geschwindigkeit beeinflusst.

17. Das Autorennen
Nach dem 2. Newton'schen Gesetz ist die Beschleunigung a eines Körpers der Masse m, auf den eine Kraft F wirkt, gerade $a = F/m$. Die Kraft ist in beiden Anordnungen völlig gleich, nicht aber die Masse. In der ersten Anordnung besteht die Masse, die beschleunigt wird, aus der Masse des Autos, der des Fadens und der des Gewichtsstücks, und in der zweiten Anordnung nur aus der Masse des Autos und der des Fadens. In der zweiten Anordnung ist die zu beschleunigende Masse also geringer und somit die Beschleunigung größer. Folglich erreicht das Auto, das von Lehrer Lämpel gezogen wird, zuerst die Pultkante.

18. Tödliche Beschleunigungen
Die Ursache von Beschleunigung sind Kräfte. Und Kräfte spüren wir nur dann, wenn sie unseren Körper verformen. Das bedeutet, wenn auf jede einzelne Zelle des gesamten Körpers die gleiche Kraft in die gleiche Richtung wirkt, so wird jede Zelle genau gleich beschleunigt und die Positionen der Zellen zueinander verändern sich nicht. Der Körper wird folglich nicht verformt und man spürt keine Kräfte.

Eine solche Situation tritt zum Beispiel beim freien Fall ein. Die Gravitationskraft durchdringt den Körper und wirkt auf jede Zelle gleich stark. Folglich fallen alle Zellen des Körpers immer gleichschnell und man spürt keinerlei Kräfte. Dabei spielt es keine Rolle, wie stark die Gravitationskraft oder Gravitationsbeschleunigung ist.

Anders ist es aber, wenn die Kraft nur auf Teile des Körpers wirkt. Sitzt man in einem Auto und beschleunigt es, dann wird die Rückenlehne nur gegen den Rücken gedrückt. Auf alle anderen Körperteile wirkt die Kraft nicht direkt ein. Folglich wird der Körper verformt und man spürt die Kraft. Wird diese Kraft bzw. diese Beschleunigung zu groß, so wird der Körper zu stark verformt und man stirbt dadurch.

19. Die Federwaage
Nach dem Hooke'schen Gesetz ist die Dehnung der Feder in der Federwaage proportional zum angehängten Gewicht. Das heißt, verkleinert man die Kraft an der Federwaage, so wird die Feder kürzer, vergrößert man die Kraft, so wird sie länger.

Durch das Anhängen des Gewichtsstücks an die Federwaage kann sie nicht weniger Gewicht anzeigen, denn dann müsste sie kürzer werden, und das verhindert der Faden, der zum Boden gespannt ist. Die Waage kann aber auch nicht mehr anzeigen, denn dann würde sie länger werden und der Faden wäre nicht mehr gespannt und könnte keine Kraft mehr auf die Waage ausüben. Folglich zeigt die Federwaage weiterhin genau 100 N an.

Die Kraft von 100 N, die über den Faden zuvor der Fußboden alleine aufgebracht hat, ist nun aufgeteilt worden. 50 N rühren von der Gewichtskraft des angehängten Gewichtsstücks her und 50 N bringt der Fußboden über den Faden auf.

Erst wenn das Gewichtsstück 100 N oder mehr wiegt, ist der Faden völlig ungespannt und die Kraft, die die Federwaage misst, ist ausschließlich die Gewichtskraft des Gewichtsstücks.

Und dreht um die schnurrende Spindel den Faden – Probleme zu Drehbewegungen

20. Der kippende Klotz
Ein Körper, der von einer seiner Flächen auf eine andere gekippt ist, hat dadurch seinen Schwerpunkt abgesenkt. Kippt er von jeder Seitenfläche um, auf die er gestellt wird, so kippt er natürlich von der Fläche, auf die er fällt, auch wieder um. Und das geht immer so fort. Das heißt, der Körper rollt unendlich lange weiter, und senkt dabei seinen Schwerpunkt immer weiter ab. Dies ist aber unmöglich, denn irgendwann muss er auf eine Fläche kippen, auf der er schon einmal gestanden hat, und dabei muss er seinen natürlichen Schwerpunkt erhöhen. Folglich kann es einen solchen Körper nicht geben, und Rudi hat gelogen.

Es gibt jedoch Polyeder, die nur auf einer ihre Seiten stabil stehen und von allen anderen umkippen.

21. Schieben oder Ziehen?

Ist der Karren erst einmal in Bewegung und steigt die Straße nicht an oder fällt ab, so ist die Kraft an der Deichsel nur für die Überwindung der Reibung notwendig. Die Reibungskraft ist im Wesentlichen proportional zur Normalkraft, die der Boden auf den Karren ausübt.

Die Kraft F, mit der die Deichsel gezogen oder geschoben wird, lässt sich in eine horizontale Komponente F_{hor} und in eine vertikale Komponente F_{ver} zerlegen.

Die Normalkraft, die der Boden auf den Karren ausübt, ist nach dem dritten Newton'schen Gesetz betragsmäßig gleich der Summe aller Kräfte, die der Karren auf den Boden ausübt. Diese Kräfte sind die Gewichtskraft F_G des Wagens und die Vertikalkomponente F_{ver} der Kraft an der Deichsel. Beim Schieben des

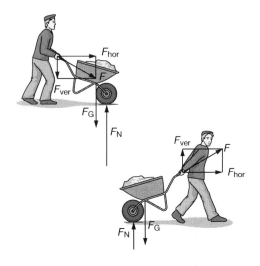

Karrens wirkt F_{ver} genau wie auch F_G nach unten. Die Normalkraft hat somit den Betrag $F_G + F_{ver}$. Wird der Karren gezogen, wirkt hingegen die Vertikalkomponente F_{ver} nach oben, und die Normalkraft hat nur den Betrag $F_G - F_{ver}$. Beim Ziehen ist die Normalkraft und somit auch die Reibungskraft kleiner als beim Schieben. Folglich ist es leichter, einen Karren zu ziehen als zu schieben.

22. Brote landen immer auf der Marmeladenseite

Damit das Brot vom Tisch fallen kann, muss es über die Tischkante hinausragen. Durch die Gravitationskraft wird auf das Brot ein Drehmoment ausgeübt. Es fällt also nicht einfach nur auf den Boden, sondern es wird auch in eine Drehung versetzt.

Tischplatten sind etwa in einer Höhe von 1,25 m über dem Boden. Das Brot braucht etwa 0,5 s, bis es den Boden erreicht. Die Drehgeschwindigkeit des Brotes ist aber so, dass es in dieser Fallzeit nur eine halbe Umdrehung schafft. Es landet auf der Marmeladenseite.

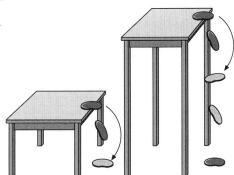

Lösen könnte man das Problem, indem man entweder das Brot mit der Marmeladenseite auf den Tisch legt oder die Frühstückstische höher baut. Beides wäre wenig praktikabel.

23. Der Riementrieb

Damit die Kraft des Motors auf das Sägeblatt übertragen werden kann, muss die Haftreibungskraft so groß sein, dass der Riemen nicht durchrutscht. Die Haftreibung ist umso größer, je größer der Teil des Riemens ist, der die Rollen berührt.

Wenn sich die Antriebsrolle gegen den Uhrzeigersinn dreht, wird die Kraft durch das obere Riemenstück übertragen. Dieses Stück wird sich straffen und sich dadurch oben etwas mehr von den Rollen entfernen. Die maximale Kraftübertragung verkleinert sich.

Dreht sich hingegen die Antriebsrolle im Uhrzeigersinn, so wird die Kraft durch das untere Riemenstück übertragen. Das untere Riemenstück strafft sich und schmiegt sich dadurch unten ein wenig mehr an die Rollen. Die maximale Kraftübertragung vergrößert sich also.

24. Die Garnrolle

Die Rolle lässt sich ohne weiteres an dem abgewickelten Faden wieder unter dem Sofa hervorziehen. Frau Emsig muss nur darauf achten, dass der Faden beim Ziehen einen möglichst kleinen Winkel mit dem Boden einschließt.

Durch das Ziehen an dem Faden wird ein Drehmoment auf die Garnrolle ausgeübt, das sich aus einer Kraft und einem Kraftarm zusammensetzt. Schauen wir uns diese beiden Größen einmal näher an.

Die Kraft, die an der Garnrolle angreift, ist die Kraft, mit der Frau Emsig am Faden zieht, und die Richtung der Kraft ist die Richtung des Fadens. Soweit ist alles noch ganz einfach. Etwas komplizierter ist es beim Kraftarm. Er ist die Verbindung der Drehachse mit dem Angriffspunkt der Kraft. Der Angriffspunkt der

Kraft ist die Stelle, an der der Faden die Rolle verlässt. Da der Faden tangential an der Rolle liegt, befindet sich der Angriffspunkt der Kraft direkt über der Berührlinie der Rolle mit dem Boden, wenn der Faden parallel zum Boden verläuft. Und er wandert immer weiter nach oben, wenn der Faden steiler gehalten wird.

Die Drehachse ist nicht die Mittelachse der Rolle, wie man leicht meinen könnte, sondern es ist die Berührlinie der Rolle mit dem Boden. Das mag etwas befremdlich erscheinen, ist aber leicht einzusehen, wenn man statt der Rolle einen Würfel nimmt.

Zieht man an der oberen rechten Kante des Würfels, so dreht er sich um die untere rechte Kante. Die Drehachse ist also die rechte untere Kante des Würfels. Wenn man nun den Würfel an den Kanten immer weiter abrundet bis er schließlich zur Rolle geworden ist, so sieht man leicht, dass die Drehachse immer den Boden berührt.

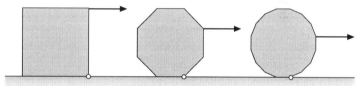

Nun kann man problemlos erkennen, wie sich die Rolle dreht. Hält man den Faden flach, zieht die Kraft den Kraftarm nach rechts und die Rolle dreht sich rechts herum und rollt somit nach rechts. Hält man hingegen den Faden steil nach oben, so zieht die Kraft den Kraftarm nach links und die Rolle dreht sich links herum und rollt deshalb nach links. In dem Grenzfall, in dem der Faden und der Kraftarm eine gerade Linie bilden, wird gar kein Drehmoment erzeugt. Die Folge davon ist, dass sich die Rolle nicht dreht, sondern über den Boden rutscht.

25. Die Schnur am Fahrrad

Durch die Übersetzung des Fahrrades dreht sich das Hinterrad bei einer Umdrehung der Pedale mehr als einmal im Kreis. Außerdem ist der Radius der Räder größer als die Länge der Pedale. Dreht man nun das Pedal um ein kurzes Bogenstück im Uhrzeigersinn, so bewegt sich das Fahrrad durch diese beiden Effekte um ein Vielfaches der Bogenlänge vorwärts. Da das Pedal aber am Fahrrad befe-

stigt ist, macht es dessen Bewegung natürlich mit. Beim Vorwärtsfahren bewegt sich das untere Pedal also ein kleines Stück nach hinten und gleichzeitig ein großes Stück nach vorne. Insgesamt bewegt sich das Pedal also nach vorne.

Beim Rückwärtsfahren ist es umgekehrt: Das untere Pedal bewegt sich ein kurzes Stück nach vorne und gleichzeitig ein langes Stück nach hinten. Insgesamt bewegt es sich also rückwärts. Wenn Max nun hinter dem Fahrrad steht und das untere Pedal an der Schnur nach hinten zieht, so wird das Fahrrad auch nach hinten rollen.

26. Schneller als der freie Fall

Der Joghurtbecher wird tatsächlich beim Fall zu Boden stärker als mit g beschleunigt. Am einfachsten lässt sich dies verstehen, wenn man sich den Fall der Latte aus zwei Teilbewegungen zusammengesetzt vorstellt. Zum einen fällt der Schwerpunkt der Latte, der etwa in ihrer Mitte liegt, im freien Fall zu Boden und wird somit in vertikaler Richtung mit g beschleunigt. Zum anderen übt der Boden auf das eine Ende der Latte eine Kraft nach oben aus. Dadurch entsteht ein Drehmoment, was das Ende mit dem Joghurtbecher nach unten beschleunigt. Zusammen sind beide Beschleunigungen, die auf den Joghurtbecher wirken, größer als die Erdbeschleunigung. Da die Münze nicht fest mit der Latte verbunden ist, fällt sie nur mit g und kann deshalb über den Rand des Bechers gelangen.

Schwingt den Hammer, schwingt – Probleme zum Impuls und zur Energie

27. Das Billardspiel

Natürlich sind der Energie- und der Impulserhaltungssatz bei dem elastischen Stoß gültig.
Die Behauptung, dass die Billardkugel nach dem Stoß mit der Bande die gleiche Geschwindigkeit hat wie vorher, ist nicht ganz richtig: Sie ist um eine Winzigkeit kleiner. Dadurch gibt sie ein ganz klein wenig kinetische Energie an den Billardtisch und die Erdkugel ab. Somit ist auch der Impulsübertrag von der Kugel auf den Tisch nicht $2m \cdot v$, sondern auch um eine Winzigkeit kleiner. Das heißt, die Kugel gibt Energie und Impuls ab, und der Billardtisch und die Erde nehmen beides auf.

28. Die Tauben im Wagen

Die Tauben, die im Laderaum des Möbelwagens fliegen, müssen durch ihren Flügelschlag Luftströme nach unten leiten, deren Rückstoßkraft gleich ihrem Gewicht ist. Wäre der Rückstoß kleiner, würden sie zu Boden fallen, wäre er hingegen größer, würden sie gegen die Decke des Möbelwagens gedrückt.
Die Luftströme prallen auf die Ladefläche und belasten dadurch den Wagen genauso stark, wie wenn die Tauben auf dem Boden säßen und ihn direkt mit ihrem Gewicht belasten würden. Dennoch können die Tauben das Gewicht des Möbelwagens verändern, wenn auch immer nur für kurze Augenblicke. Wenn die Tauben von der Ladefläche auffliegen, müssen sie einen Rückstoß erzeugen, der größer ist als ihr Gewicht. Der Lastwagen wird dabei schwerer. Lassen sich dagegen die fliegenden Tauben zu Boden sinken, so fällt während des Falls der Rückstoß fort, und der Wagen wird leichter.

29. Eine Bootsfahrt mit Hindernissen

Wenn man sich vom Boden abdrückt, erreicht man eine bestimmte Absprunggeschwindigkeit, mit der man durch die Luft fliegt und eine bestimmte Sprungweite erzielt.
Rudi hat bei seinem Sprung wohl vergessen, dass er nicht auf festem Boden steht, sondern auf einem frei beweglichen Boot. Vor Rudis Absprung ist das Boot bewegungslos und der Impuls des Bootes und der Insassen ist null. Wenn Rudi sich vom Boot abdrückt, muss der Gesamtimpuls immer null bleiben. Das Boot bekommt deshalb durch Rudis Sprung auch einen Impuls, der genauso groß ist, wie der von Rudi, aber entgegengesetzt.
Das hat zur Folge, dass Rudis Absprunggeschwindigkeit relativ zum Steg zu klein ist, und er entsprechend weniger weit springt, den Steg nicht erreicht und ins Wasser fällt.

30. Der umweltfreundliche Wasserantrieb

Martin hat natürlich nicht Recht. Es wäre auch zu schön, um wahr zu sein. Zur Erklärung ist es am einfachsten, wenn man einen ruhenden Waggon betrachtet. Wenn der Stopfen gelöst wird, fließt das Wasser nach unten ab, mehr passiert nicht. Der Waggon wird nicht auf wundersame Weise anfangen, sich zu bewegen. Durch Wasserablassen nach unten erfährt der Waggon keine Beschleunigung. Die Geschwindigkeit bleibt folglich konstant, in diesem Fall null.

Diese Erkenntnis können wir auf den bewegten Waggon übertragen. Warum? Es gibt ein wichtiges Prinzip der Physik: Ruhende und gleichförmige Bewegung sind gleichwertige Zustände. Auf unseren bewegten Waggon angewandt bedeutet dies: Durch das Wasserablassen wird der Waggon nicht beschleunigt, die Geschwindigkeit bleibt konstant!

Was aber ist an Martins Erklärung falsch? Sie basiert auf der Annahme, dass keine äußere Kraft wirkt und somit der Impuls konstant bleibt. Mit der Annahme, dass keine äußere Kraft wirkt hat Martin Recht. Allerdings ist Martins Schlussfolgerung über die Impulserhaltung des Waggons falsch. Er hat hierbei nicht bedacht, dass der Gesamtimpuls sich aus dem Impuls des Waggons und des Wassers zusammensetzt. Wenn Wasser abgelassen wird, trägt das Wasser Impuls weg und der Impuls des Waggons wird kleiner.

31. Die verschwundene Energie

Angenommen, man könne die Reibung völlig abschalten. Dann würde nach dem Öffnen des Ventils das Wasser komplett aus dem rechten Gefäß heraus- und in das linke Gefäß hineinlaufen. Dabei nimmt die potentielle Energie des Wasser solange ab, bis der Wasserstand in beiden Gefäßen gleich hoch ist, danach steigt sie wieder bis zum ursprünglichen Wert an. Die Energie verschwindet jedoch nicht. Sie wird in kinetische Energie umgewandelt, denn das Wasser fließt, ist also in Bewegung. Die kinetische Energie wird schließlich wieder vollständig in potentielle Energie zurückgewandelt. Ist schließlich das gesamte Wasser im rechten Gefäß, so wiederholt sich der Prozess, und das immer wieder. Die Bewegung des Wassers in den beiden Gefäßen ist eine harmonische Schwingung.

Nun kann man aber in Wirklichkeit die Reibung nicht abschalten. Sie ist sogar sehr groß. Das bedeutet, nur etwas mehr als die Hälfte des Wassers läuft vom linken in das rechte Gefäß. Dann schwappt noch das wenige überzählige Wasser zurück, und die Bewegung ist zur Ruhe gekommen. Die „verschwundene" Energie ist durch die Reibung in Wärme umgewandelt worden.

32. Der Affe am Seil

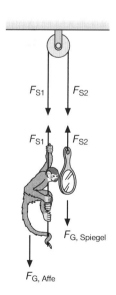

Um das Problem zu lösen, betrachten wir den Affen, den Spiegel und das Seil jeweils für sich getrennt und untersuchen die Kräfte, die auf jedes dieser drei Objekte angreifen.

Auf den Affen wirken zwei Kräfte: Die Gewichtskraft $F_{G,Affe}$ zieht ihn nach unten und die Seilkraft F_{S1} nach oben. Die Gewichtskraft ist konstant. Die Seilkraft hingegen hängt davon ab, wie schnell der Affe an dem Seil hinauf oder herab klettert.

Auch auf den Spiegel wirken zwei Kräfte: Die Gewichtskraft $F_{G,Spiegel}$ zieht ihn nach unten und die Seilkraft F_{S2} nach oben.

Nach dem dritten Newton'schen Gesetz zieht der Affe mit der gleichen Kraft F_{S1} das Seil nach unten wie das Seil den Affen nach oben. Am anderen Ende des Seils zieht aus demselben Grund der Spiegel das Seil mit der gleichen Kraft F_{S2} nach unten wie das Seil den Spiegel nach oben. Da das Seil und die Rolle masselos sind und keinerlei Reibungskräfte auftreten, müssen die Seilkräfte F_{S1} und F_{S2} gleich sein.

Da die beiden Seilkräfte F_{S1} und F_{S2} gleich sind und auch die beiden Gewichtskräfte $F_{G,Affe}$ und $F_{G,Spiegel}$ gleich sind, wirken auf den Affen und auf den Spiegel immer gleich große Kräfte. Weil nun zu Anfang der Affe und der Spiegel in Ruhe sind und in gleiche Höhe hängen, wirken sich die Kräfte auf den Affen und den Spiegel auch genau gleich aus. Klettert also der Affe am Seil hoch, so bewegt sich auch der Spiegel nach oben, und lässt sich der Affe wieder nach unten gleiten, bewegt sich auch der Spiegel nach unten. Der Affe behält folglich den Spiegel immer in Augenhöhe.

Und grenzen an die Sternenwelt – Probleme über Gravitation und Himmelskörper

33. Hochsprung auf dem Mond
Beim Absprung ist der Körper einer Hochspringerin annähernd vertikal ausgerichtet. Da sich der Schwerpunkt eines Menschen etwa in seiner Körpermitte befindet, liegt er bei einer 1,70 m großen Springerin beim Absprung also rund 0,85 m über dem Boden. Beim Überqueren der Latte ist der Körper der Springerin ungefähr horizontal ausgerichtet und liegt somit etwa in Höhe der Latte. Susi hat folglich bei ihrem Sprung bei der Kreismeisterschaft so viel Kraft aufgebracht, dass sie ihren Schwerpunkt von 0,85 m auf 1,60 m Höhe, also um 0,75 m angehoben hat. Auf dem Mond würde sie mit dem gleichen Kraftaufwand ihren Schwerpunkt um
6 · 0,75 m = 4,50 m anheben können. Das heißt, sie könnte nicht 9,60 m, sondern nur
0,85 m + 4,50 m = 5,35 m hoch springen.

34. Sternenzahl
Natürlich hat kein Mensch jemals wirklich die Sterne einzeln gezählt. Dies ist schon aus zeitlichen Gründen unmöglich. Man geht so ähnlich vor, wie beim Zählen der Kopfhaare. Hier nimmt man sich ein kleinen Bereich der Kopfhaut vor, zählt die Haare in diesem Bereich und rechnet dann auf die gesamte Kopffläche hoch.
Bei den Sternen geht man ähnlich vor. Man teilt den Himmel in kleine Planquadrate, zählt die Sterne und schließt auf die Sternenzahl des gesamten Himmels.
Weiterhin nutzt man Helligkeitsmessungen von Regionen. Man weiß ziemlich genau, wie hell ein einzelner Stern ist und kann aus der Gesamthelligkeit auf die Zahl der Sterne schließen.

35. Das Feuer der Sonne
Die Sonne ist ein heißer Gasball und besteht im Wesentlichen aus Wasserstoff. Durch die Gravitationskraft wird das Gas stark zusammengepresst. Der hohe Innendruck der Sonne bringt die Wasserstoffkerne so nah zusammen, dass die starken abstoßenden Coulombkräfte durch die viel stärkeren Kernkräfte überwunden werden.

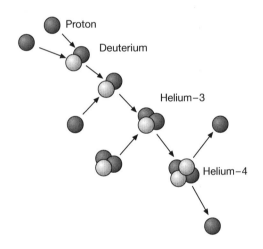

Zunächst verschmelzen zwei Protonen zu einem Deuteriumkern. Bei diesem Prozess wird ein Proton in ein Neutron umgewandelt. Der Deuteriumkern fängt ein weiteres Proton ein und bildet den Helium-3-Kern. Zwei Helium-3-Kerne verschmelzen dann unter Abgabe von zwei Protonen zum Endprodukt, dem Helium-4-Kern.
Bei diesem Prozess wird Energie frei, die an die Sonnenoberfläche transportiert wird und als elektromagnetische Strahlung die Erde erreicht und erwärmt.
Die energiebringende Kernverschmelzung dauert so lange an, bis kein Wasserstoff mehr da ist. Marie hat also recht. Irgendwann, wenn kein Wasserstoff mehr da ist, wird die Sonne aufhören zu brennen. Aber keine Angst, die Sonne hat noch für ca. 4,5 Milliarden Jahre genug Brennstoff.

36. Die Anziehungskraft einer Kaffeetasse
Wirkt eine Kraft F auf eine Masse m, beschleunigt sie die Masse nach dem 2. Newton'schen Gesetz mit $a = F/m$. Die Kraft der Tasse auf die Erde ist betragsmäßig genauso groß wie die Kraft der Erde auf die Tasse. Das sagt uns das 3. Newton'sche Gesetz.
Die Masse der Erde beträgt rund 10^{24} kg, die Masse einer Tasse etwa 0,1 kg. Die Masse der Erde ist somit 10^{25} mal größer als die Masse der Tasse. Um denselben Faktor ist die Beschleunigung der Erde geringer als die der Tasse. Folglich beträgt die Beschleunigung der Erde durch die Tasse 10^{-24} m/s² und ist unmessbar klein.

37. Raumschiff

Die Gravitationskraft zieht Erwin wieder an das Raumschiff heran. Dies dauert aber wegen der kleinen Masse des Raumschiffs ziemlich lange. Erwin kann den Vorgang beschleunigen, indem er das Prinzip des Rückstoßes nutzt und einen Gegenstand, z. B. seinen Schraubenschlüssel, fortwirft.
Der Schraubenschlüssel mit der Masse m_1 fliegt mit einer Geschwindigkeit v_1 von ihm weg. Durch die Impulserhaltung bewegt sich deshalb Erwin, der die Masse m_2 hat, mit der Geschwindigkeit $v_2 = (m_1/m_2) \cdot v_1$ auf das Raumschiff zu.

38. Erduntergang

Von der Erde aus sieht man immer dieselbe Seite des Mondes. Im gleichen Maße, wie sich der Mond um sich selbst dreht, dreht er sich auch um die Erde. Wenn man also auf der Seite des Mondes steht, die der Erde zugewandt ist, sieht man die Erde niemals untergehen und somit auch nicht aufgehen. Auf der erdabgewandten Seite des Mondes ist die Erde hingegen nie zu sehen.

39. Satelliten fallen nicht auf die Erde

Nehmen wir einmal an, man könnte für kurze Zeit die Gravitation der Erde abschalten. Sie selbst haben sich sicherheitshalber an einen fest im Erdboden verankerten Pfahl gebunden und werfen einen Ball parallel zur Oberfläche mit einer Anfangsgeschwindigkeit v_0 weg. Was passiert mit dem Ball?

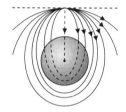

Wenn man von der Luftreibung und Hindernissen wie Berge und Häuser absieht, bewegt sich der Ball für immer von Ihnen mit v_0 weg. Genau dasselbe würde der Satellit tun.
Es muss also eine Kraft wirken, damit Satellit und Ball in der Nähe der Erde bleiben.
Wie muss diese Kraft aussehen? Die Kraft darf nicht parallel zur Geschwindigkeit wirken, sonst würde der Ball sich mit immer größer werdender Geschwindigkeit von der Erde wegbewegen. Wirkt eine Kraft aber immer senkrecht zur Anfangsgeschwindigkeit, so bleibt der Betrag der Geschwindigkeit konstant und nur ihre Richtung ändert sich. Genau das passiert mit dem Ball und dem Satelliten im Gravitationsfeld.
Wenn Sie einen Ball horizontal wegwerfen, wird er durch die Gravitationskraft abgelenkt und fällt auf den Boden. Wollen Sie die Wurfweite vergrößern, müssen Sie den Ball mit einer höheren Geschwindigkeit wegwerfen. Wenn die Geschwindigkeit hoch genug ist, fällt der Ball immer weiter. Da die Erde gekrümmt ist und kein Erdboden die Fallbewegung stört, fällt der Ball um die Erde herum.
Satelliten haben Geschwindigkeiten, die gerade so groß sind, dass sie nicht auf den Erdboden, sondern immer um die Erde herum fallen.

36. Das paradoxe Gravitationsgesetz

Das Newton'sche Gravitationsgesetz

$$F = \gamma \cdot \frac{m_1 \cdot m_2}{r^2}$$

beschreibt streng genommen nur die Kraft F, die zwei **Punktmassen** m_1 und m_2, die den Abstand r haben, aufeinander ausüben. Dabei ist γ eine Naturkonstante, die als Gravitationskonstante bezeichnet wird. Das Gesetz gilt aber auch für zwei Körper mit kugelsymmetrischen Massenverteilungen, deren Schwerpunkte den Abstand r haben, und die sich nicht gegenseitig durchdringen. Der künstliche Planet Frenswegen muss aber keineswegs kugelförmig sein. Angenommen, er wäre ringförmig wie ein aufgeblasener Autoreifen. Sein Schwerpunkt läge dann in der Mitte der Fläche zwischen dem Ring. Wenn das Raumschiff Enterprise entlang der Ringachse auf den Schwerpunkt von Frenswegen zufliegt, dann übt der Planet in unendlicher Entfernung keine Gravitationskraft auf das Raumschiff aus. Die Gravitationskraft ist aber auch dann null, wenn das Raumschiff den Schwerpunkt erreicht hat, denn dann zerrt innerhalb der Ringebene die Schwerkraft aus allen Richtungen gleich stark an dem Raumschiff, so dass sich die Kräfte gerade gegenseitig kompensieren. Irgendwo zwischen unendlicher Entfernung und dem Schwerpunkt muss es einen Punkt geben, an dem die Gravitationskraft ihren größten Wert hat. Überfliegt die Enterprise diesen Punkt, so wird die Schwerkraft wieder niedriger beim Annähern an den Schwerpunkt.

Captain Kirks Beobachtung kann also unter Umständen richtig gewesen sein. Seine Behauptung, dass das Gravitationsgesetz von Newton nicht gültig ist, ist aber auf jeden Fall falsch.

41. Jahreszeiten

Die Jahreszeiten entstehen durch die sich ändernde Einstrahlung der Sonne in den verschiedenen Gebieten der Erde. Ursache hierfür ist nicht die elliptische Bahn der Erde um die Sonne, denn die Abweichung der Erdbahn von der Kreisform ist außerordentlich klein und hat keinen Einfluss auf die Erdtemperaturen.

Die Ursache für die Jahreszeiten ist die Neigung der Erdachse zur Erdbahnebene. Die Erdachse, die durch Nord- und Südpol verläuft, steht nicht senkrecht zur Erdbahnebene, sondern ist um einen Winkel von 23,5° geneigt.

Bei dem Umlauf der Erde um die Sonne ändert sich nicht die Richtung der geneigten Achse. Aus diesem Grund fällt das Sonnenlicht in unterschiedlichen und sich ständig wechselnden Winkeln auf die Erdoberfläche. Je steiler dieser Winkel wird, um so größer wird die aufgefangene Strahlungsenergie. Gleichzeitig nimmt die Tageslänge zu. Es wird wärmer.

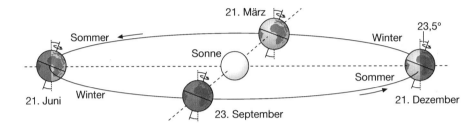

42. Langer Sommer

Die Länge der Sommer unterscheiden sich auf der Süd- und Nordhalbkugel der Erde.
Der Sommer dauert auf der Nordhalbkugel 93 Tage und 14 Stunden, auf der Südhalbkugel nur 89 Tage und 1 Stunde. Grund ist die elliptische Bahn um die Sonne. Die Erde bewegt sich nicht mit einer konstanten Bahngeschwindigkeit auf ihrer Bahn, sondern hat am sonnennächsten Punkt eine höhere Geschwindigkeit als am sonnenfernsten Punkt. Erklärt wird dies durch das zweite Kepler'sche Gesetz. Es besagt, dass die Verbindungslinie zwischen Erde und Sonne in gleichen Zeiten

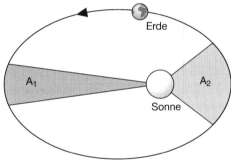

$A_1 = A_2$ in gleichen Zeiten

gleiche Flächen überstreicht. Dies führt dazu, dass die Geschwindigkeit eines Planeten in seinem Aphel (Sonnenferne) am kleinsten, im Perihel (Sonnennähe) am größten ist.

Da aber auf der Nordhalbkugel gerade Sommer ist, wenn die Erde am weitesten von der Sonne entfernt ist, ist der Sommer wegen der kleineren Geschwindigkeit der Erde und somit der größeren Verweildauer im Aphel länger.

Genau das Umgekehrte gilt für die Südhalbkugel: Hier ist im Sommer, wenn die Erde im Perihel ist, die Geschwindigkeit größer und somit die Verweilzeit kleiner ist.

43. Kometenschweif

Die Sonne bläst ständig mikroskopisch kleine Teilchen, den Sonnenwind, in das Weltall. Diese Teilchen prasseln auch auf die Erde, ohne irgendeinen Einfluss auf ihre Bewegung zu haben. Warum? Die Geschwindigkeit der Teilchen ist zwar hoch, aber ihre Masse ist sehr klein. Das ähnelt dem Zusammenstoß eines Stiers mit einer Ameise. Die Ameise bleibt ohne Einfluss. Ähnlich verhält es sich mit dem Kometen. Er bewegt sich unbeirrt durch den Sonnenwind. Der Kometenschweif aber spürt ihn sehr wohl, denn er besteht ebenfalls aus mikroskopisch kleinen Objekten. Der Sonnenwind pustet also die Teilchen des Kometenschweifs weg, wie ein Mensch, der den Staub von einem Buch bläst.

44. Mondleuchten
Der Mond ist ein Planet und kein Stern. Nur Sterne leuchten von sich aus. Auf dem Mond lodert kein großes Feuer, sondern wir sehen ihn auf der Erde, weil er vom Licht der Sonne bestrahlt wird. Das reflektierte Licht trifft auf unsere Erde und damit unsere Augen: Der Mond wird sichtbar. Würde die Sonne nicht scheinen, könnten wir den Mond nicht von der Erde aus sehen.

Fließe nach der rechten Weise – Probleme zu Gasen und Flüssigkeiten

45. Zwei Luftballons
Der kleine Luftballon hat einen kleineren Krümmungsradius als der große Ballon. Deshalb haben die elastischen Kräfte in der Gummihaut bei kleineren Ballons auch eine größere Kraftkomponente zum Ballonmittelpunkt hin als bei dem größeren Ballon. Somit herrscht in dem kleineren Ballon der größere Luftdruck.
Verbindet man nun die beiden Ballons durch ein Röhrchen, so gleicht sich der Druck aus. Die Folge ist, dass der kleinere Ballon schrumpft und den größeren noch weiter aufbläst.

46. Kaffee und Milch
Nach dem zweimaligen Mischen ist in beiden Tassen wieder so viel Flüssigkeit wie zu Anfang. Der Kaffee, der sich nicht mehr in der Kaffeetasse, sondern in der Milchtasse befindet, wurde also durch eine gleichgroße Menge Milch ersetzt. Folglich ist genauso viel Milch im Kaffee wie Kaffee in der Milch.

47. Die Schiffsbrücke bei Magdeburg
Ein auf der Schiffsbrücke schwimmendes Schiff verdrängt nach dem archimedischen Prinzip eine solche Wassermasse, die genau seiner eigenen Masse entspricht. Das verdrängte Wasser bleibt natürlich nicht auf der Brücke, denn sonst würde dort der Wasserspiegel steigen, sondern fließt in beide Richtungen in den Kanal ab. Folglich ändert sich die Belastung der Brücke durch auf ihr schwimmende Schiffe überhaupt nicht.

48. Das Loch im Boot
Rudi hat Recht. Nach dem archimedischen Prinzip taucht ein schwimmender Körper gerade so tief in das Wasser ein, bis sein Gewicht genauso groß ist wie das Gewicht des von ihm verdrängten Wassers.
Ein vollständig mit Wasser gefülltes Boot muss sehr tief eintauchen, damit das von ihm verdrängte Wasser sein Gewicht erreicht. Wird ein Loch in den Boden des Bootes gebohrt, so sind das Boot und der See zwei kommunizierende Gefäße. Folglich sinkt der Wasserspiegel im Boot und steigt dadurch im See um eine Winzigkeit an, bis sie beide gleich hoch liegen. Das Boot wird dadurch etwas leichter und steigt an.

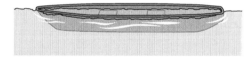

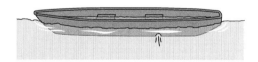

49. Die Rheinfahrt
Nach dem archimedischen Prinzip wirkt während der gesamten Rheinfahrt, egal ob stromaufwärts oder stromabwärts, keine Kraft in vertikaler Richtung, denn die Gewichtskraft wird immer durch die Auftriebskraft kompensiert. Wenn also keine Kraft notwendig ist, um den Höhenunterschied zwischen Rotterdam und Basel zu überwinden, dann muss dafür auch keine Arbeit geleistet werden. Das heißt, die Arbeit für die Fahrt von Rotterdam nach Basel ist genauso groß wie die für die Fahrt von Basel nach Rotterdam.

50. Das Bier im See
Nach dem archimedischen Prinzip sinkt das Boot durch die Bierkiste gerade so weit ins Wasser ein, bis das Gewicht des zusätzlich verdrängten Wassers so groß ist wie das der Bierkiste. Da die mittlere Dichte der Kiste Bier größer ist als die des Wassers, ist das Volumen des verdrängten Wassers größer als das Volumen der Kiste Bier.

Wenn die Bierkiste hingegen auf dem Boden des Sees steht, sind das Volumen des verdrängten Wassers und ihr eigenes Volumen gleich groß.

Das verdrängte Wasser kann natürlich nicht einfach verschwinden, sondern führt zu einer Anhebung des Wasserspiegels. Da die Kiste Bier, wenn sie auf dem Seeboden steht, weniger Wasser verdrängt, als wenn sie sich im Boot befindet, sinkt der Wasserspiegel durch das Versenken der Kiste ab.

51. Ballons beim Bremsen
Innerhalb einer Gas- oder Flüssigkeitssäule nimmt der Druck in Kraftrichtung zu. Der Luftdruck, der durch die Gravitationskraft verursacht wird, ist also am Erdboden größer als in Wolkenhöhe. Die Druckdifferenz zwischen den beiden Enden eines Körpers, der sich in einer Gas- oder Flüssigkeitssäule befindet, ist für den Auftrieb verantwortlich. Da in der Luft der Druck auf einen Ballon auf der Unterseite größer ist als auf der Oberseite, wirkt der Auftrieb vom Boden fort. Ist der Auftrieb größer als die Gewichtskraft, steigt der Ballon in den Himmel.

Beim Bremsen eines Autos wirkt die Trägheitskraft in Fahrtrichtung. Deshalb erfährt jeder Mensch und jeder Gegenstand eine Kraft in Richtung Windschutzscheibe. Da der Wagen aber mit Luft gefüllt ist, gibt es zusätzlich noch eine Auftriebskraft, die der Trägheitskraft entgegengesetzt ist, also in Richtung Heckscheibe wirkt. Folglich bewegt sich der mit Helium gefüllte Ballon beim Bremsen nicht nach vorne, sondern nach hinten.

Bei einer Fahrt durch eine Kurve verhält sich der Heliumballon entsprechend. Bei einer Linkskurve wirkt die Trägheitskraft nach rechts und somit die Auftriebskraft nach links. Bei einer Rechtskurve ist es umgekehrt.

52. Ebbe und Flut
Kuddel kann auf der untersten Sprosse stehen bleiben, denn wenn der Wasserspiegel steigt, so wird dadurch auch der Frachter mitsamt der Leiter hochgehoben.

53. Ein Kilogramm Federn und ein Kilogramm Blei
Das Blei und die Federn haben die gleiche Masse von einem Kilogramm. Die Dichte jedoch ist bei den Federn wesentlich geringer als beim Blei.

Waagen messen keine Massen, sondern Kräfte, selbst dann, wenn die Skalen in Kilogramm beschriftet ist. Liegt ein Gegenstand auf der Waage, so ist die Gesamtkraft, die die Waage misst, die Differenz aus der Gewichtskraft und der entgegengesetzt wirkenden Auftriebskraft. Die Gewichtskraft ist bei den Federn und beim Blei gleich, die Auftriebskraft hingegen ist bei den Federn größer als beim Blei, weil sie eine wesentlich geringere Dichte haben. Folglich wiegt ein Kilogramm Blei mehr als ein Kilogramm Federn.

Kocht des Kupfers Brei – Probleme aus der Thermodynamik

54. Polkappen schmelzen

Die Erde dreht sich in 24 Stunden einmal um ihre eigene Achse. Könnte die Erde von sich aus ihre Rotationsgeschwindigkeit, auch Winkelgeschwindigkeit genannt, beeinflussen? Im Prinzip ja.

Betrachten wir hierzu zunächst ein anderes Beispiel. Jeder kennt die Pirouette einer Eiskunstläuferin. Hat sie die Arme ausgebreitet, rotiert sie langsam, zieht sie die Arme an, rotiert sie schnell.

Die Verteilung der Masse eines Körpers wird durch das Massenträgheitsmoment beschrieben. Bringt man Teile der Masse eines Körpers in eine größere Entfernung zu seiner Drehachse, so vergrößert sich sein Massenträgheitsmoment. Umgekehrt bewirkt eine Verlagerung der Masse zur Drehachse hin eine Verkleinerung des Massenträgheitsmoments.

Der Drehimpuls ist proportional zum Massenträgheitsmoment und zur Winkelgeschwindigkeit. Auf die Eiskunstläuferin wirkt kein äußeres Drehmoment, also muss ihr Drehimpuls konstant bleiben. Da sich durch das Anziehen der Arme das Trägheitsmoment der Eiskunstläuferin verkleinert, muss folglich ihre Winkelgeschwindigkeit größer werden.

Übertragen wir nun dieses Bild auf die rotierende Erde. Das Eis an den Polkappen befindet sich nah der Drehachse der Erde. Schmilzt das Eis, wird es als Wasser in die Meere fließen. Das Wasser der Meere hat aber einen viel größeren Abstand von der Drehachse, somit erhöht sich das Massenträgheitsmoment der Erde.

Da der Drehimpuls erhalten bleibt, muss die Winkelgeschwindigkeit kleiner werden. Kleinere Winkelgeschwindigkeit bedeutet aber, dass die Erde länger braucht, bis sie sich einmal um sich selbst gedreht hat.

Marie muss sich also keine Sorgen um ihren Nachtschlaf machen. Wenn der Effekt überhaupt einen merklichen Einfluss haben sollte, würden die Nächte länger und nicht kürzer.

55. Kühlschrankkühlung

Energie kann weder erzeugt noch vernichtet werden. Machen wir also einmal eine Energiebilanz vom Kühlschrank und von dem Zimmer, in dem er steht.

Die Energie, die der Kühlschrank seinem Innenraum entzieht, wird auf seiner Rückseite über Kühlrippen an die Luft des Zimmers abgegeben. Lässt man den Kühlschrank nun offen stehen, so vermischt sich die Zimmerluft mit der kalten Luft aus seinem Innenraum und der warmen Luft von den Kühlrippen, so dass die Temperatur in dem Zimmer sich dadurch nicht ändert.

Wir haben aber noch nicht alles berücksichtigt. Damit der Kühlschrank arbeiten kann, braucht er elektrische Energie. Diese holt er sich aus dem Stromnetz. Auch die elektrische Energie verschwindet nicht einfach, sondern wird in Wärme umgewandelt, die das Zimmer aufheizt.

Das Kühlaggregat des Kühlschranks schaltet sich immer nur dann ein, wenn es in seinem Innenraum zu warm geworden ist, und es schaltet sich ab, wenn es wieder kalt genug ist. Ist die Kühlschranktür geschlossen, braucht sich das Kühlaggregat immer nur sporadisch für kurze Zeit einzuschalten. Bei offener Tür dringt natürlich ständig warme Luft aus dem Zimmer in den Kühlschrank und das Kühlaggregat muss ununterbrochen arbeiten. Folglich heizt der Kühlschrank durch seinen Stromverbrauch ein Zimmer immer auf, allerdings bei geschlossener Tür wesentlich weniger als bei offener. Frau Emsigs Methode funktioniert deshalb nicht.

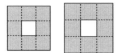

56. Ausdehnung von Münzen
Das Loch wird größer. Die Münze dehnt sich aus und somit dehnt sich auch das Loch aus. Um dies zur veranschaulichen, machen wir ein Foto der Münze und vergrößern es um zehn Prozent. Alles auf dem Foto ist dann um zehn Prozent größer, auch das Loch.
Betrachten wir ein etwas anderes Beispiel. Wir nehmen an, wir hätten eine quadratische Münze mit einem quadratischen Loch. Trennt man die Münze in quadratische Segmente auf und erhitzt sie, so werden sie sich ausdehnen. Setzt man dann die heißen Segmente wieder zusammen, ist auch das Loch größer geworden.

57. Erwärmen von Kugeln
Durch die Energiezufuhr werden die beiden Kugel nicht nur wärmer, sondern sie dehnen sich auch aus. Sie werden also zu größeren Kugeln. Bei der Kugel, die auf der Theke liegt, wird dadurch der Mittelpunkt, der auch der Schwerpunkt ist, um ein kleines Stück h angehoben. Bei der am Faden hängenden Kugel hingegen wird der Schwerpunkt um das gleiche Stück h abgesenkt. Das Anheben des Schwerpunkts kostet die Energie $m \cdot g \cdot h$, das Absenken setzt die Energie $m \cdot g \cdot h$ frei. Dabei ist m die Masse einer Kugel und g die Gravitationsbeschleunigung. Folglich muss man der liegenden Kugel $2m \cdot g \cdot h$ mehr Energie zuführen als der hängenden, um sie beide um 30 Grad zu erwärmen.

58. Hitze und kalte Getränke
Luises Idee ist im Prinzip gut: Will man etwas abkühlen, bringt man es mit etwas Kaltem in Kontakt: in unserem Fall die warme Bowle mit dem kalten Eis. Das Eis erwärmt sich bei gleichzeitiger Abkühlung der Bowle. Nur hat Luise viel zu viel Eis genommen, außerdem war das Eis zu kalt. Das Eis kühlt die Bowle zuerst auf 0 °C ab. Nicht genug damit! Da das Eis noch etliche Grade unter null kalt ist, bringt es die Bowle zum Gefrieren. Eine gefrorene Bowle kann man aber nicht trinken. Doch für Luise arbeitet die Zeit. Die Sonneneinstrahlung wird die Bowle wieder auftauen. Allerdings ist damit zu rechnen, dass sie etwas verwässert schmecken wird.

59. Milchkaffee
Für die Antwort auf die Frage muss man drei Zusammenhänge über das Abkühlen wissen.
1. Eine Flüssigkeit, deren Temperatur um ΔT höher ist als die Raumtemperatur, kühlt exponentiell mit der Zeit auf Raumtemperatur ab. Das heißt, es gibt eine Halbwertszeit, nach der die Temperatur nur noch um $\Delta T/2$ über der Raumtemperatur liegt. Nach Verstreichen von insgesamt zwei Halbwertszeiten liegt die Temperatur nur noch $\Delta T/4$ über der Raumtemperatur, nach drei Halbwertszeiten um $\Delta T/8$, nach vier Halbwertszeiten um $\Delta T/16$ usw.
2. Die Halbwertszeit des Abkühlens hängt unter anderem von der Masse der Flüssigkeit ab. Verdoppelt man die Masse bei sonst gleichen Bedingungen, so verdoppelt sich auch die Halbwertszeit.
3. Kippt man gleich große Mengen unterschiedlich warmer Flüssigkeiten zusammen, so ist die Temperatur des Gemisches der Mittelwert aus den beiden ursprünglichen Temperaturen.
Damit lässt sich das Problem ohne weiteres lösen. Angenommen, der Kaffee ist zu Anfang um ΔT wärmer als die Raumluft. Wir lassen nun den Kaffee zwei Halbwertszeiten lang stehen. Er kühlt in dieser Zeit bis auf eine Temperatur ab, die um $\Delta T/4$ über der Raumtemperatur liegt. Dann schütten wir die gleich große Menge Milch hinzu, die Zimmertemperatur hat. Dadurch sinkt die Temperatur bis auf $\Delta T/8$ über der Raumtemperatur ab.
Bei der zweiten Varianten kippen wir zuerst die Milch in den Kaffee und senken folglich schlagartig die Temperatur bis auf $\Delta T/2$ über der Raumtemperatur ab. Dadurch hat sich aber auch die Masse verdoppelt. Die Halbwertszeit des Milchkaffees ist also doppelt so lang wie die Halbwertszeit des schwarzen Kaffees bei der vorherigen Überlegung. Wir warten jetzt wieder zwei Halbwertszeiten des schwarzen Kaffees ab, was gerade einer Milchkaffee-Halbwertszeit entspricht. In dieser Zeit ist der Milchkaffee auf $\Delta T/4$ über der Raumtemperatur abgesunken. Die gleichen Überlegungen sind auch dann gültig, wenn man nicht genau eine bzw. zwei Halbwertszeiten wartet, sondern irgendeine beliebige Zeit.
Um möglichst heißen Kaffee zu trinken, sollte Frau Blümlein also zuerst die Milch in den Kaffee kippen und dann mit ihrer Mutter telefonieren und nicht umgekehrt.
Bei den Überlegungen haben wir einige kleine Effekte vernachlässigt, die das exakte Ergebnis noch geringfügig verändern können.

60. Eisgekühlte Bloody Mary
Nach dem archimedischen Prinzip muss das Gesamtgewicht des im Glas schwimmenden Eises gleich dem Gewicht des vom Eis verdrängten Wassers sein. Das Schmelzen ändert natürlich nicht das Gewicht des Eises, aber es kann sein Volumen verändern. Daher wird das Volumen des geschmolzenen Eises genau dem Volumen des zuvor vom Eis verdrängten Wassers entsprechen. Rudi irrt sich also: Das Glas wird nicht überlaufen.

61. Mikrowelle und Eier
Das Innere von Eiern besteht zu einem großen Anteil aus Wasser. Durch die starke Erhitzung des Wassers durch die Mikrowellenstrahlung wird die Flüssigkeit nahezu schlagartig gasförmig. Der Druck im Ei erhöht sich beträchtlich, und die zerbrechliche Eierschale kann dem Überdruck nicht standhalten. In einer kleinen Explosion werden die Eibestandteile im Mikrowellenherd verteilt.

62. Innere Energie
Man kann die Luft in Frau Blümleins Wohnzimmer mit guter Genauigkeit als ideales Gas betrachten. Das bedeutet, erhöht man die Temperatur um ΔT, so wächst die innere Energie um einen dazu proportionalen Wert ΔU an.
Andererseits führt eine Temperaturerhöhung auch zu einer Luftdruck- oder einer Volumenvergrößerung. Ein normales Zimmer ist nicht hermetisch dicht. Folglich kann sich der Luftdruck nicht erhöhen. Das Volumen der Luft hingegen wächst an. Nach der Idealgasgleichung ist der Volumenzuwachs ΔV proportional zur Temperaturänderung ΔT. Da sich das Zimmervolumen jedoch nicht vergrößern kann, entweicht der zusätzliche Teil ΔV der Luft durch die Fenster- und Türritzen und die Schlüssellöcher nach außen und nimmt dabei die zusätzliche innere Energie ΔU mit.
Folglich hat sich die Energie in Frau Blümleins Wohnzimmer durch das Heizen nicht erhöht.

63. Heißer Dampf und Schnellkochtopf
Der Wasserdampf dehnt sich nicht auf den wenigen Zentimetern zwischen dem Schnellkochtopf und der Hand von Werner aus. Sobald der Dampf aus dem Schnellkochtopf austritt, steht er bereits unter Normaldruck.
Warum also wird der Dampf wenige Zentimeter oberhalb des Schnelltopfes kalt? Der Grund ist ganz einfach: Der heiße Dampf mischt sich mit der kühlen Luft des Raumes.

64. Wasser kochen mit kochendem Wasser
Bei kochendem Wasser wandelt sich die Flüssigkeit Wasser von 100 °C in das Gas Wasserdampf von 100 °C um. Für diese Umwandlung wird Energie gebraucht.
Hängt man ein Töpfchen mit kaltem Wasser in den Topf mit kochendem Wasser, so heizt das kochende Wasser das kalte Wasser nach einiger Zeit auf 100 °C auf. Sobald dies jedoch geschehen ist, gibt es keinen Temperaturunterschied zwischen den Inhalten der beiden Töpfe. Das bedeutet, dass auch keine Energie mehr vom Wasser des Topfes auf das Wasser des Töpfchens übertragen werden kann. Somit wird das Wasser in dem Töpfchen zwar 100 °C heiß, aber es wird niemals zu kochen beginnen.

65. Kalt ist nicht gleich kalt
Die Wärmeabfuhr von der Hand auf das Buch oder das Weinglas erfolgt durch Wärmeleitung. Die Hand überträgt durch Berührung Wärme auf das kältere Buch oder das kältere Glas. Je größer der Temperaturunterschied ist, umso schneller fließt die Wärme ab.
In diesem Fall haben aber das Buch und das Glas dieselbe Temperatur und unterscheiden sich um denselben Wert von der Handtemperatur.
Aber nicht nur die Temperaturdifferenz spielt eine Rolle, sondern auch wie schnell Wärme von einem wärmeren Objekt auf ein kälteres übertragen werden.
Glas hat die Eigenschaft, dass es viel schneller Wärme abtransportieren kann, es besitzt eine gute Wärmeleitfähigkeit. Das Glas entzieht der Hand – verglichen mit Papier – in der gleichen Zeit mehr Wärme: Die Hand kühlt schneller ab. Deshalb erscheint das Glas kälter als die Buchseite.

66. Fliegende Steine

Die Temperatur eines Steins und auch jedes anderen Objekts wird durch die Bewegung seiner mikroskopisch kleinen Teilchen bestimmt. Hohe Temperaturen bedeuten große Geschwindigkeiten, tiefe Temperaturen bedeuten kleine Geschwindigkeiten.

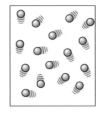 

Nun haben Sie sicher noch nie erlebt, dass ein Kochtopf sich selbständig von der Herdplatte hebt, nur weil das Wasser in dem Topf heißer wird.

Der springende Punkt ist, dass die Temperaturbewegung der Teilchen völlig zufällig und regellos ist. Die Teilchen bewegen sich nicht gesittet in eine Richtung. Über alle Richtungen gemittelt, heben sich die Geschwindigkeiten auf. Die mittlere Geschwindigkeit ist also null.

Auch im Stein bewegen sich die Atome und Moleküle. Aber der Stein als Ganzes ruht.

Es kann aber nicht ausgeschlossen werden, dass sich alle Moleküle zufällig in dieselbe Richtung bewegen. Dieser Fall ist möglich, aber die Wahrscheinlichkeit ist so klein, dass wohl niemand in seinem Leben jemals einen Stein von sich aus nach oben fliegen sehen wird.

67. Kopfschmerzen durch herumfliegende Luft

Es stimmt zwar, dass bei Raumtemperatur die Geschwindigkeit von Luftteilchen sehr hoch ist, aber ihre Masse ist sehr klein. Dies bedeutet, dass bei einem Zusammenprall mit Ihrem Kopf nur ein winziger Impuls übertragen wird. Selbst der Zusammenstoß mit einem Wattebausch überträgt einen wesentlichen größeren Impuls auf Ihren Kopf und ist dennoch kaum spürbar.

68. Gekochte Kartoffeln sind nicht immer weich

Für die Kartoffeln spielt es keine Rolle, ob das Wasser kocht. Hauptsache die Temperatur beträgt etwa 100 °C. Wenn Wasser kocht, heißt dies aber nicht zwangsläufig, dass das Wasser eine Temperatur von 100 °C hat. Es bedeutet lediglich, dass das Wasser vom flüssigen Zustand in den gasförmigen übergeht.

Die Siedetemperatur von Wasser ist abhängig vom äußeren Druck. Ist der Druck hoch, muss das Wasser eine höhere Temperatur haben, um zu verdampfen. Ist der Luftdruck niedrig, verdampft das Wasser bereits bei einer kleineren Temperatur als 100 °C.

Steigt man auf einen Berg, sinkt der Luftdruck und damit auch die Siedetemperatur je 100 Meter um etwa 0,3 °C. In 4000 Meter Höhe kocht Wasser bereits bei 88 °C. Das Wasser kann die zum Garen notwendige Temperatur von 100 °C nicht erreichen, weil es vorher verdampft. Die Kartoffeln bleiben also hart.

69. Wasser kocht durch Abkühlen

Wasser kocht nicht immer bei der gleichen Temperatur, denn der Siedepunkt ist vom Luftdruck abhängig. Unter Normaldruck siedet Wasser im offenen Kolben bei 100 °C, bei höherem Druck liegt der Siedepunkt höher und bei niedrigerem Druck liegt er niedriger.

Verschließt man den Kolben wird der Innendruck aufgrund des verdampfenden Wassers größer, gleichzeitig sinkt die Wassertemperatur unterhalb von 100 °C. Das Wasser hört auf zu kochen. Schüttet man dann kaltes Wasser über das Glas, sinkt die Temperatur des Gases im Kolben. Der Druck fällt unter den Normaldruck, und das Wasser fängt wieder an zu kochen, obwohl seine Temperatur unterhalb von 100 °C liegt.

70. Rote und blaue Strahlung

Die Wega ist der heißere Stern. Einen Stern kann man als glühendes Gas auffassen. Unter hohem Druck ändert der Stern seine Farbe genauso wie ein glühendes Metall.

Wenn man ein Metall erhitzt, wird es zuerst rotglühend. Steigt die Temperatur weiter an, ändert sich die Farbe des glühenden Metalls auf orange, dann auf gelb und schließlich auf weiß. Wird die Temperatur noch weiter erhöht, glüht das geschmolzene Metall blau.

Die Wellenlänge der Strahlung wird immer kürzer. Eine kürzere Wellenlänge bedeutet aber eine höhere Frequenz. Da die Energie der elektromagnetischen Strahlung mit der Frequenz zunimmt, wird auch die Temperatur höher.

Luise kam die zündende Idee, als sie mit dem Feuerzeug spielte. Die Flamme eines Feuerzeugs ist im oberen Bereich gelb. Dort ist die Temperatur vergleichbar niedrig. Man kann kurz mit dem Finger durch die Flamme gehen, ohne sich zu verbrennen. Das ist im unteren, blau leuchtenden Bereich der Flamme nicht mehr möglich. Die Temperatur ist wesentlich höher.

Taghell ist die Nacht gelichtet – Probleme aus der Optik

71. Spieglein, Spieglein an der Wand ...

Dieses Problem ist weniger ein physikalisches, sondern vor allem ein psychologisches.
Wenn wir in einen Spiegel schauen, sehen wir ein Bild, das ohne weiteres als Mensch zu identifizieren ist. Gingen nicht wir selbst durch die Straßen, sondern unser Spiegelbild, so würde das wahrscheinlich niemanden auffallen. Woran liegt das?
Der Mensch hat eine senkrechte Spiegelebene, die seinen Körper in zwei gleiche, aber spiegelbildliche Hälften zerlegt.
Erst bei genauerem Hinsehen stellt man fest, dass die beiden Körperhälften doch unterschiedlich sind: Das Herz liegt mehr links als rechts; eine Hand ist etwas größer als die andere; auf der linken Wange ist ein Leberfleck, nicht aber auf der rechten.
Schauen wir in einen Spiegel und stören dabei unsere Körpersymmetrie, indem wir uns beispielsweise mit der linken Hand am Kopf kratzen, so kratzt sich unser Spiegelbild mit der der linken Hand genau gegenüber liegenden Hand am Kopf. Ist dies die linke oder die rechte Hand des Spiegelbildes?

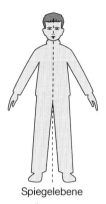
Spiegelebene

Diese Frage ist nur sinnvoll, weil der menschliche Körper eine Spiegelebene hat. Denn um sie zu beantworten, drehen wir uns im Gedanken 180° um unsere senkrechte Körperachse und versuchen uns mit unserem Spiegelbild zur Deckung zu bringen. Im Wesentlichen gelingt uns das auch, und wir stellen dabei fest, dass sich das Spiegelbild mit der rechten Hand am Kopf gekratzt hat. Es wurden also links und rechts vertauscht.
Nehmen wir einmal an, die Marsmenschen hätten folgendes Aussehen:
Sie hätten also, im Gegensatz zum Erdenmenschen, eine horizontale Spiegelebene. Wenn ein solcher Marsmensch in den Spiegel schaut und sich dabei mit der oberen Hand am Kopf kratzt und feststellen will, welche Hand dies bei seinem Spiegelbild ist, so muss er sich 180 Grad um seine horizontale Achse drehen.

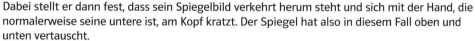

Dabei stellt er dann fest, dass sein Spiegelbild verkehrt herum steht und sich mit der Hand, die normalerweise seine untere ist, am Kopf kratzt. Der Spiegel hat also in diesem Fall oben und unten vertauscht.
Auch ein gespiegelter Marsmensch würde in einer Marsstadt kein Aufsehen erregen, wenn er auf seinen oberen Füßen liefe, da wahrscheinlich kein anderer Marsmensch merken würde, dass es sich um ein Spiegelbild handelt.
Angenommen, auf dem Jupiter lebten Menschen, die keine Symmetrieebene hätten.
Ginge das Spiegelbild eines Jupitermenschen durch eine Jupiterstadt, fiele es sofort auf, da es

durch keine Drehung mit einem wirklichen Jupitermenschen zur Deckung gebracht werden könnte. Daher ist für einen Menschen vom Jupiter die Frage, ob ein Spiegel links und rechts oder ob er oben und unten vertauscht, völlig sinnlos.

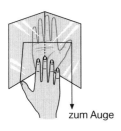

72. Ein ehrlicher Spiegel
Es gibt mehrere Möglichkeiten, einen Spiegel zu konstruieren, der ein seitenrichtiges Spiegelbild zeigt. Die wohl einfachste Möglichkeit ist, zwei gewöhnliche ebene Spiegel mit je einer Kante so aneinander zu stellen, dass sie einen rechten Winkel einschließen.
Betrachtet man sich in einem solchen Doppelspiegel, so werden die Lichtstrahlen, die von den einzelnen Punkten des Körpers kommen, von dem einen Spiegel zuerst auf den anderen reflektiert, bevor sie ins Auge gelangen. Das heißt, man sieht im Doppelspiegel nicht sein Spiegelbild, sondern das Spiegelbild seines Spiegelbildes. Die doppelte Spiegelung hebt sich auf und ergibt ein seitenrichtiges Bild.

73. Der Wandspiegel
Damit Susi ihre Füße sehen kann, muss der Lichtstrahl, der von den Füßen kommt, am Spiegel reflektiert werden und dann in ihre Augen gelangen. Da bei der Reflexion Einfalls- und Ausfallswinkel gleich sind, liegt der Auftreffpunkt dieses Lichtstrahls auf halber Höhe zwischen dem Fußboden und Susis Augenhöhe. Bis zu dieser Höhe muss also der Spiegel nach unten reichen.

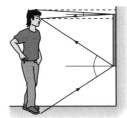

Damit Susi ihren Scheitel sehen kann, muss der Lichtstrahl, der vom Scheitel kommt, auf halber Höhe zwischen Scheitel- und Augenhöhe am Spiegel reflektiert werden. Der Spiegel muss somit bis zu dieser Höhe hinaufreichen.
Folglich muss der Spiegel mindestens eine Höhe haben, die der Hälfte von Susis Scheitel-Augen-Abstand plus der Hälfte von ihrem Augen-Fußsohlen-Abstand entspricht. Dies ist gerade die Hälfte von Susis Größe, also 85 cm. Dabei muss der Spiegel natürlich so an der Wand befestigt werden, dass seine Oberkante sich genau auf halber Höhe zwischen Susis Augen und Scheitel befindet.
In welcher Entfernung Susi vor dem Spiegel steht, spielt dabei überhaupt keine Rolle. Sie geht an keine Stelle in die Überlegungen ein. Susi sieht in jeder Entfernung von einem Wandspiegel immer denselben Teil ihres Körpers.

74. Straßen werden zu Spiegeln
Gegenstände kann man sehen, weil sie Licht reflektieren, das dann ins Auge fällt. Spiegelbilder entstehen durch Reflexion des Lichtes an glatten Oberflächen. Spiegelnde Straßen jedoch haben eine andere Ursache.
Lichtstrahlen werden an der Grenzfläche zwischen zwei Medien gebrochen. Dringt ein Strahl von einem optisch dichteren Medium in ein optisch dünneres, so wird er dabei vom Einfallslot weg geknickt.

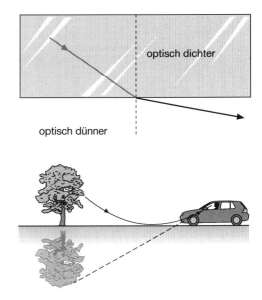

An heißen Tagen heizt sich die Luft direkt über dem Asphalt stark auf. Die Folge davon ist, dass über der Straße von unten nach oben die Temperatur der Luft stetig abnimmt und somit ihre Massendichte und ihre optische Dichte stetig zunehmen. Es gibt also nicht eine einzelne Grenzschicht, an der ein Lichtstrahl gebrochen wird, sondern es findet eine permanente Brechung statt, die den Strahl zu einem Bogen krümmt. Die Lichtstrahlen von den Bäumen erreichen also gar nicht den Asphalt, sondern werden schon vorher gekrümmt und laufen dann in unser Auge. Dennoch ist der optische Eindruck so, als würden die Bäume an auf der Straße stehendem Wasser gespiegelt.

75. Durchsichtig oder spiegelnd?

Fällt ein Lichtstrahl auf die Grenzfläche zwischen zwei Medien, so wird in der Regel ein Teil des Lichtes reflektiert und ein Teil dringt in das andere Medium ein. Trifft der Lichtstrahl senkrecht auf die Grenzfläche, so gibt es sogar immer einen zurückgeworfenen und einen eindringenden Teil des Lichts. Sind die beiden Medien Luft und Glas, so beträgt der reflektierte Anteil bei senkrechtem Einfall des Lichts etwa 4% und der eindringende 96%. Da nun eine Glasscheibe zwei solcher Glas-Luft-Grenzflächen hat, ist der reflektierte Anteil etwa doppelt so groß und beträgt rund 8%. Folglich dringen nur etwa 92% des Lichts durch die Scheibe.

Steht man also in einem Raum und schaut auf die Fensterscheibe, so empfängt man von dort Licht, dass aus zwei Quellen stammt. Zum einen ist es das Tageslicht, das von außen auf die Scheibe fällt und von dem etwa 92% in das Zimmer gelangen. Zum anderen ist es das Licht aus dem Raum selbst, das auf die Scheibe fällt und von dem sie etwa 8% reflektiert.

Tagsüber ist das von außen kommende Licht so hell, dass es das wenige aus dem Raum reflektierte Licht völlig überblendet, so dass es gar nicht wahrgenommen werden kann. Die Spiegelwirkung der Fensterscheibe wird nicht bemerkt. Nachts hingegen kommt nur so wenig Licht von draußen durch die Scheibe, dass das aus dem Raum reflektierte Licht das von außen kommende überblendet. Nun wird das Außenlicht nicht wahrgenommen, und die Scheibe wirkt wie ein undurchsichtiger Spiegel.

76. Das seltsame Verhalten von Zylinderlinsen

Münchhausens Erklärung ist Unsinn. Die Zylinderlinse stellt jeden Buchstaben auf den Kopf, ganz unabhängig davon, welche Farbe er hat und ob die Linse dispersiv ist oder nicht. Allerdings merkt man es bei den Buchstaben D, E, I C und H nicht, da sie eine horizontale Spiegelachse haben.

77. Die Röntgenbrille

Jeder hat vermutlich schon mal eine Röntgenaufnahme gesehen. In der medizinischen Diagnostik wird sie genutzt, um z. B. Knochenbrüche zu untersuchen.

Bei einer Röntgenaufnahme durchdringt die Röntgenstrahlung nahezu ungehindert die Weichteile des Gewebes. An den Knochen hingegen wird sie absorbiert. Das durchgelassene Licht trifft auf eine Photoplatte, die empfindlich ist für die Röntgenstrahlung. An Stellen, wo viel Strahlung ankommt, wird die Platte nach dem Entwickeln transparent, an Stellen, wo wenig Strahlung ankommt, bleibt sie dunkel.

Wie kann man aber die Röntgenstrahlung sehen? Die Antwort ist: Gar nicht. Unser Auge ist nur für Wellenlängen empfindlich, die in dem Bereich zwischen 0,4 und 0,7 Mikrometer liegen. Röntgenstrahlung ist aber viel kurzwelliger.

Nun könnte die Röntgenbrille aber so konstruiert sein, dass sie das reflektierte Röntgenlicht in sichtbares Licht umsetzt. Doch selbst dann wäre es nicht möglich, Menschen nackt zu sehen. Die Kleidung des Menschen hat ein ähnliches Verhalten wir die menschliche Haut, lässt also die Röntgenstrahlung durch. Nun wird die Röntgenstrahlung aber ebenfalls nicht durch die Haut reflektiert, sondern durchgelassen. Erst an den Knochen könnte ein wenig Reflexion auftreten.

78. Geisterbilder

Vom Zimmer aus gesehen sind Fenster durchsichtig, wenn es draußen heller ist als drinnen und spiegelnd, wenn es draußen dunkler ist als drinnen. Werner sieht also die Spiegelbilder der Kerzen aus dem Zimmer, wenn er durch das Fenster in den dunklen Garten schaut.

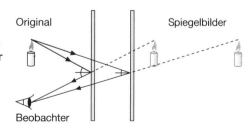

Warum sieht er aber alles doppelt? Der Grund ist, dass Luises Fenster doppelt verglast sind. Sie bestehen aus zwei Fensterscheiben, die durch einen Luftspalt getrennt sind. Fällt Licht auf die erste Glasscheibe, wird nicht das gesamte Licht der Kerze reflektiert, sondern es wird teilweise auch in dem Luftspalt gebrochen und trifft dann auf die zweite Fensterscheibe. Dort wird wieder ein Teil der Lichtstrahlen zurück geworfen und erzeugt ein zweites, verschobenes Spiegelbild der Kerze.

Würde man ganz genau hinschauen, könnte man sogar vier Spiegelbilder von jeder Kerze sehen. Sie stammen von der Vorder- und Rückseite der ersten Scheibe und von der Vorder- und Rückseite der zweiten Scheibe. Die beiden Bilder, die von jeweils einer Scheibe kommen, liegen aber, weil die Scheiben sehr dünn sind, so dicht beieinander, dass man sie kaum noch als zwei erkennen kann.

79. Oberfläche eines Teleskops

Licht wird reflektiert, wenn die Unebenheiten der Oberfläche kleiner als die Wellenlänge von Licht sind. Ein Teleskop für ultraviolettes Licht muss sehr viel glatter sein, als ein Teleskop für sichtbares Licht. Für ein Radioteleskop darf die Oberfläche sehr rau sein. Schon Kaninchendraht stellt einen brauchbaren Spiegel dar.

Rein und voll die Stimme schalle – Probleme aus der Akustik

80. Gitarre

Die Schallgeschwindigkeit ist natürlich unabhängig von der Länge der Gitarrensaite. Was sich ändert sind die Wellenlänge und die Frequenz.

Zupft man eine Gitarrensaite an, entsteht auf ihr eine stehende Welle. Im Gegensatz zur laufenden Welle ist bei der stehenden Welle die Auslenkung an bestimmten Stellen der Saite immer null. Man nennt diese Stellen Knoten. Der Abstand zweier benachbarter Knoten beträgt gerade eine halbe Wellenlänge. Genau in der Mitte zwischen zwei Knoten ist die Vibration der Saite am stärksten. Diese Stellen heißen Bäuche.

Da die Enden der Saite fest mit der Gitarre verbunden und somit unbeweglich sind, können auf ihr nicht Wellen beliebiger Wellenlänge entstehen, sondern nur solche, die an beiden Enden einen Knoten haben.

Die Gitarre hat am Hals mehrere Querstreben. Drückt man mit dem Finger die Saite an einer der Querstreben herunter, verkürzt man die Saitenlänge. Somit erzwingt man eine Welle mit einer kleineren Wellenlänge.

Nun gibt es aber eine feste Beziehung zwischen Wellenlänge λ und Frequenz f. Die Ausbreitungsgeschwindigkeit c der Welle ist das Produkt $c = \lambda \cdot f$. Da die Ausbreitungsgeschwindigkeit in der Saite konstant bleibt, muss bei kleiner werdender Wellenlänge die Frequenz größer werden. Damit wird auch der Ton höher.

Die sechs Gitarrensaiten haben verschiedene Durchmesser und bestehen aus unterschiedlichen Materialien. Dies hat zur Folge, dass die Ausbreitungsgeschwindigkeit von Schallwellen in ihnen verschieden ist. Darum klingen die Saiten, auch wenn sie gleich lang sind, trotzdem unterschiedlich hoch.

81. Motorengeräusch beim Autorennen

Ein König reist mit seiner Gefolgschaft in ein fernes Land. Die Reise dauert viele Wochen. Jeden Mittag um zwölf Uhr schickt er einen Boten zurück zu seiner Frau. Bei der Königin kommen die Boten jedoch nicht mit einem 24-stündigen, sondern mit einem größeren Abstand an. Das liegt daran, dass jeder Bote einen längeren Weg zurück in die Heimat hat, als sein Vorgänger. Auf dem Rückweg ist es umgekehrt: Da jede Bote einen kürzeren Weg hat als sein Vorgänger, erhält die Königin häufiger als alle 24 Stunden Nachricht von ihrem Mann.

Mit dem Motorengeräusch beim Autorennen verhält es sich ganz ähnlich. Fährt das Auto von Mikrofon weg, so muss das Geräusch vom Auto einen immer länger werdenden Weg bis zum Mikrofon zurücklegen. Die Schallwelle wird dadurch auseinander gezogen und die Wellenlänge λ vergrößert. Da die Ausbreitungsgeschwindigkeit c des Schalls konstant ist, muss die von Mikrofon aufgenommen Schallfrequenz $f = c/\lambda$ kleiner werden. Die Ton wird tiefer.

Fährt das Auto auf das Mikrofon zu, ist es umgekehrt. Die Schallwelle wird gestaucht und die Wellenlänge kleiner. Dadurch wird die Frequenz größer und der Ton höher.

82. Tauchen behindert die Orientierung

Der Mensch hat zwei Ohren und dies nicht nur, damit es besser aussieht. Vielmehr nutzt das Gehirn die feinen Unterschiede der Informationen beider Ohren zur Richtungsanalyse. Zum Beispiel werden kleinste Unterschiede zwischen den Ankunftszeiten eines Geräusches in den beiden Ohren im Gehirn zu einer Richtungsinformation gewandelt. Das Gehirn kann dabei Zeitdifferenzen von $0{,}00003\,\text{s}$ unterscheiden. In Luft entspricht dies einer Richtungsabweichung von $3°$. In Wasser ist die Schallgeschwindigkeit rund fünfmal größer als in Luft. Somit ist das Richtungshören in Wasser stark eingeschränkt. Die kleinste hörbare Richtungsänderung beträgt etwa $15°$.

83. Der Krieg der Sterne ist lautlos

Schallwellen können sich nur in einem Medium ausbreiten, sei es in einem Gas, einer Flüssigkeit oder einem Festkörper. Im Weltall herrscht aber Vakuum. Wenn man von außen das Spektakel eines Weltraumkriegs betrachtet, kann man zwar die Treffer der Raumschiffe sehen, aber nicht hören. Jede Explosion ist lautlos. Anders ist es natürlich im Raumschiff selbst. Treffer werden durch die Raumschiffwand auf die Luft im Raumschiff übertragen. Eine Schallwelle breitet sich aus und erreicht als Knall das Ohr.

84. Basslautsprecher wohin

Um den Subwoofer muss sich Luise keine Sorgen machen. Sie kann ihn in der hintersten Ecke ihres Zimmers verstecken. Mit den Basstönen kann man keinen Stereoeffekt erzielen, denn das menschliche Ohr ist nicht in der Lage, die Richtung der tiefen Töne zu erkennen. Es gibt dafür zwei Gründe.

Zum einen wird am Kopf der Schall durch das der Schallquelle zugewandt Ohr gestaut. Für das abgewandte Ohr schirmt der Kopf den Schall ab. Aus den unterschiedlichen Intensitäten erfolgt die Ortung des Schallsignals. Dies ist aber nur für hohe Töne ab $1500\,\text{Hz}$ möglich. Bei tiefen Tönen ist das Schallsignal für beide Ohren gleich und dies unabhängig von der Position der Schallquelle. Der Grund ist, dass die Wellenlänge im Verhältnis zum Kopfdurchmesser zu groß ist.

Zum anderen wird bei Frequenzen, die kleiner als $1500\,\text{Hz}$ sind, die Schallquelle durch die zeitliche Reihenfolge der Signale geortet. Wenn der Abstand zwischen Schallquelle und linkem bzw. rechtem Ohr nicht gleich groß ist, trifft der Schall nicht gleichzeitig an beiden Ohren an. Dieser kleine Zeitunterschied wird vom Gehör in eine Richtungsinformation umgesetzt.

Bei sehr tiefen Frequenzen des Subwoofers betragen die Wellenlängen rund $2\,\text{m}$ bis $10\,\text{m}$ und sind somit etwa so groß wie die Abstände der Wände des Zimmers. Die Wellen werden nicht durch kleine Gegenstände abgeschirmt, sondern füllen den gesamten Raum aus. Die Welle ist überall und eine Ortung der Schallquelle ist damit nicht möglich.

Weicht der Mensch der Götterstärke – Probleme aus der Elektrodynamik

85. Ladung aus Energie

Hochenergetische elektromagnetische Strahlung kann in der Tat in Materie, z. B. in Elektronen umgewandelt werden. Nach Albert Einstein sind Masse und Energie äquivalente Größen und ineinander umwandelbar. Aber bei einer Umwandlung von Strahlung in Masse können nicht Elektronen allein erzeugt werden. Es gilt nämlich, dass die Ladung immer erhalten bleibt. Da elektromagnetische Strahlung ungeladen ist, muss bei ihrer Umwandlung in Materie die Gesamtladung der erzeugten Teilchen ebenfalls null bleiben. Neben dem Elektron mit seiner negativen Ladung muss gleichzeitig ein Teilchen mit einer positiven Ladung erzeugt werden. Luises Angst ist somit unbegründet. Wenn der sehr seltene Fall eintritt, dass durch Auftreffen von Strahlung auf ihren Münzen elektrische Ladungen erzeugt werden, sind diese in der Summe immer neutral. Die Münze wird nicht elektrisch aufgeladen.

86. Das Kondensatorparadoxon

Bei völlig verlustfreien Kondensatoren und Verbindungsleitungen würde beim Zuschalten des zweiten Kondensators gar nicht das passieren, was in der Aufgabe behauptet wird.
Tatsächlich würden die Ladungen vom ersten Kondensator vollständig in den zweiten Kondensator fließen und danach auch wieder vollständig zurückfließen. Dann würde der Prozess wieder von vorne beginnen. Die Schaltung ist also ein Schwingkreis. Die Energie ist jedoch während dieser Schwingungen nicht die ganze Zeit vollständig in den Kondensatoren gespeichert. Wenn die Ladungen durch die Leitungen fließen, erzeugen sie ein Magnetfeld, das auch einen Teil der Energie speichert. Die Summe der Energien der Magnetfelder der Leitungen und die der elektrischen Felder in den Kondensatoren ist jedoch insgesamt konstant. Es geht also gar keine Energie verloren.

87. Der Widerstandswürfel

Damit der Widerstandswürfel etwas anschaulicher wird, verzerren wir ihn soweit, bis er sich in der Ebene flach ausbreiten lässt, ohne dass es zu Überschneidungen der Widerstände kommt. Die beiden Punkte, zwischen denen der Widerstand bestimmt werden soll, sind A und B. Den Punkt B ziehen wir dabei zu einem Kreis auseinander.
Die drei Würfelecken X_1, X_2 und X_3 liegen aus Symmetriegründen auf der gleichen elektrischen Spannung, darum darf man sie getrost miteinander verbinden, ohne dass sich der Widerstand des Systems ändert. Das gleiche gilt für die Ecken Y_1, Y_2 und Y_3.
Jetzt sieht man, dass die Widerstände zwischen den einzelnen Kreisen parallel und die Kreise selbst hintereinander geschaltet sind. Daraus ergibt sich der Gesamtwiderstand
$2\,\Omega + 1\,\Omega + 2\,\Omega = 5\,\Omega$.

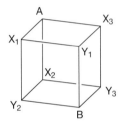
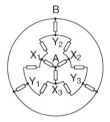
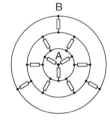

88. Mikrowellen sind zum Kochen da

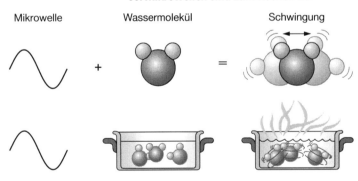

Mikrowellen wirken auf die Wassermoleküle, die in jedem Essen vorhanden sind. Jedes Wassermolekül besteht aus einem negativ geladenen Sauerstoff- und zwei positiv geladenen Wasserstoffatomen. Die beiden positiven Ladungen sind zusammen so groß wie die negative Ladung, so dass das Wassermolekül insgesamt elektrisch neutral ist.
Auf die Ladungen wirkt das hochfrequente elektrische Wechselfeld der Mikrowellen und versetzt die Wassermoleküle in Drehschwingungen großer Geschwindigkeit. Durch die Reibung mit den anderen Molekülen entsteht Wärme: Das Essen wird heiß.

Wasser kann aber nur erhitzt werden, wenn seine Moleküle frei beweglich sind. In Eis oder gefrorenen Speisen sind die Wassermoleküle fest im Kristallgitter gebunden. Es werden daher zunächst nur die mit einem flüssigen Film überzogene Oberfläche und andere wasserhaltige Stellen erwärmt. Von dort aus taut die Speise auf und wird danach erwärmt. Die Erwärmung einer gefrorenen Speise dauert daher, verglichen mit einer bereits flüssigen, viel länger.

Die Jahre fliehen pfeilgeschwind – Probleme aus der Relativitätstheorie

89. Hochgeschwindigkeitszüge machen kleiner

Maries Sorgen sind völlig unbegründet. Die Verkürzung von Strecken – Längenkontraktion genannt – ist nur bei Geschwindigkeiten nahe der Lichtgeschwindigkeit von Bedeutung. Die Geschwindigkeiten von Hochgeschwindigkeitszügen oder Überschallflugzeugen sind weit von der Lichtgeschwindigkeit entfernt. Außerdem tritt die Verkürzung von Objekten nur in Bewegungsrichtung auf. Wenn Marie in einem sehr, sehr schnellen Hochgeschwindigkeitszug durch einen Bahnhof rast, erscheint sie einem Beobachter auf dem Bahnsteig schlanker, aber nicht kleiner. Tatsächlich ist es ein klein wenig komplizierter, denn schnell bewegte Objekte würden nicht nur verkürzt, sondern auch noch gedreht aussehen. Für jemanden allerdings, der gemeinsam mit Marie durch die Gegend rast, ändert sich an ihrem Aussehen gar nichts.

90. Schrumpfender Porsche

Sowohl Luise, als auch Martin und Werner haben ihren Argumenten einen wichtigen Punkt vergessen: Keiner der drei hat gesagt, in welchem Bewegungszustand sich sein Beobachter befindet. Dadurch können im Grunde alle drei Behauptungen richtig sein. Man kann

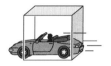

also nicht entscheiden, ob einer der drei die Längenkontraktion wirklich verstanden hat. Wenn der Beobachter neben der Garage steht, erscheint der fliegende Porsche kürzer als die Garage. Der Porsche kann somit mehr als vollständig in der Garage verschwinden. Wenn der Beobachter aber in dem Porsche ist, erscheint die Garage verkürzt. Zu einem bestimmten Zeitpunkt ragen deshalb beide Enden des Porsches aus der Garage heraus. Fährt der Beobachter jedoch mit einem zweiten Auto, das die halbe Geschwindigkeit des Porsches hat, an der Garage vorbei, so haben der Porsche und die Garage dieselbe Geschwindigkeit relativ zum Beobachter. Beide erscheinen um den gleichen Betrag verkürzt, und der Porsche passt genau in die Garage.

91. Kräfte zwischen stromführenden Drähten

Klassisch kann man den Effekt mit Hilfe von magnetischen Kräften erklären. Dies ist aber nicht notwendig, denn magnetische Kräfte sind nur ein relativistischer Effekt der elektrischen Kräfte. Sie entstehen zwischen den stromführenden Leitern durch eine Vergrößerung der Ladungsdichte aufgrund der relativistischen Längenkontraktion. Betrachten wir zunächst den Fall, dass die Stromrichtung in beiden Drähten gleich ist.

Ein Meter Draht hat genauso viele positiv geladene Protonen wie negativ geladene Elektronen, so dass die Gesamtladung null ist. Das gilt auch dann, wenn ein elektrischer Strom fließt, da an einem Ende genauso viele Elektronen heraus-, wie am anderen Ende hineinfließen.
Wie aber sieht der Draht aus der Sicht eines Elektrons des anderen Drahtes aus? Für dieses Elektron ruhen die Elektronen des Drahtes, während die Protonen sich bewegen. Durch die relativistische Längenkontraktion schrumpft der Abstand zwischen den Protonen. Daher ist aus Sicht dieses Elektrons im Nachbardraht die Protonendichte größer als die Elektronendichte und der Draht somit insgesamt positiv geladen. Der Draht zieht das Elektron an, und die beiden Drähte kommen sich näher.

Fließen die Ströme in den beiden Drähten in entgegengesetzte Richtungen, so haben aus der Sicht eines Elektrons des einen Drahtes die Protonen und Elektronen im anderen Draht entgegengesetzte Geschwindigkeiten. Allerdings sind die Elektronen doppelt so schnell wie die Protonen. Dadurch ist die relativistische Dichteerhöhung bei den Elektronen größer als bei den Protonen, und der Draht ist insgesamt negativ geladen. Er stößt das Elektron ab, und die beiden Drähte entfernen sich voneinander.

92. Karl kontra Einstein
Nach der Relativitätstheorie können sich Materie und Energie nicht schneller als mit Lichtgeschwindigkeit (= 299 792 458 m/s) bewegen. Für alle anderen irgendwie denkbaren Geschwindigkeiten gibt die Relativitätstheorie keine Obergrenze vor.
Wenn Karl mit seinem Laserstrahl über den Mond streicht, dann fliegen während dieser Zeit Photonen vom Laser zum Mond. Sie haben dabei die Geschwindigkeit von 299 792 458 m/s. Der Lichtfleck selbst bewegt sich quer zu der Photonenbahn über die Mondoberfläche und wird von vielen verschiedenen Photonen nacheinander erzeugt. Es bewegt sich also nur Licht mit Lichtgeschwindigkeit von der Erde zum Mond, aber kein Licht mit achtfacher Lichtgeschwindigkeit entlang der Mondoberfläche. Bei dem sich über die Mondoberfläche bewegenden Lichtfleck wird also keine Materie und keine Energie über die Mondoberfläche transportiert, darum widerspricht Karls Experiment auch nicht der Relativitätstheorie.

Schält sich der metallne Kern – Probleme aus der Atom- und Kernphysik

93. Wie alt ist eine Mumie?
Im Kohlendioxid CO_2 der Erdatmosphäre kommen die zwei verschiedenen Kohlenstoffarten ^{14}C und ^{12}C vor. Sie unterscheiden sich durch die Anzahl der Neutronen in ihren Kernen. So hat ^{14}C zwei Neutronen mehr als ^{12}C und ist nicht stabil. Der Kern ^{14}C zerfällt mit einer Halbwertszeit von 5730 Jahren. Nach dieser Zeit ist nur noch die Hälfte des ursprünglichen ^{14}C vorhanden.
Die ^{14}C-Kerne werden in den oberen Schichten der Erdatmosphäre durch die kosmische Strahlung erzeugt. Da die Strahlung gerade so viele Kerne neu bildet, wie durch die Radioaktivität zerfallen, bleibt der Anteil der ^{14}C-Kerne im Kohlendioxid der Atmosphäre immer gleich. Pflanzen nehmen Kohlendioxid auf, und über die Nahrung gelangt dann der Kohlenstoff in den Menschen. Somit ist das Verhältnis von ^{14}C- zu ^{12}C-Kernen im lebenden Menschen das Gleiche wie in der Atmosphäre. Stirbt der Mensch, so wird kein weiteres ^{14}C mehr aufgenommen und das Verhältnis von ^{14}C zu ^{12}C sinkt kontinuierlich.
Die Gesamtmenge von Kohlenstoff in einer Probe kann man sehr genau mit chemischen Methoden bestimmen. Der ^{14}C-Anteil hierbei wiederum lässt sich durch die Anzahl der radioaktiven Zerfälle messen.
So zerfallen in einem Gramm Kohlenstoff eines lebenden Organismus 15 ^{14}C-Kerne pro Minute. Zerfallen bei einem toten Menschen beispielsweise nur 7,5 Kerne pro Minute und Gramm, so ist er vor einer Halbwertszeit, also vor 5730 Jahren, gestorben.

94. Atome können nicht stabil sein
Zunächst sei gesagt: Elektronen kreisen nicht um einen Atomkern. Woher wissen wir das? Nehmen wir als Beispiel das Wasserstoffatom. Es besteht aus einem Proton und einem Elektron. Würde das Elektron um das Proton kreisen, dann müsste es einen Drehimpuls haben. Den hat das Elektron aber nicht, wie durch Messungen bewiesen wurde. Der Vergleich eines Atoms mit einem Satellitensystem ist somit nicht möglich.
Elektronen können aus einem anderen Grund nicht in den Kern stürzen: Elektronen haben Welleneigenschaften. Die Wellenlänge eines Elektrons entspricht der Größe des Atomdurchmessers und ist somit 100 000-mal größer als der Kerndurchmesser. Genauso wenig wie man eine kilometerlange Radiowelle in einen Backofen quetschen kann, kann das Elektron in den Kern stürzen: Die Elektronenwelle ist zu groß.

95. Abbremsen von Neutronen

Leichte Materialien sind am besten zum Abbremsen von Neutronen geeignet.

Trifft eine Billardkugel auf den Rand des Billardtisches, wird sie reflektiert. Dabei ändert sie zwar ihre Richtung, nicht aber ihre Geschwindigkeit. Anders ist es, wenn eine Billardkugel zentral auf eine andere ruhende Kugel trifft. Da die Massen der Kugeln gleich sind, überträgt die stoßende Kugel den gesamten Impuls auf die ruhende. Die stoßende Kugel bleibt liegen und die getroffene rollt fort.

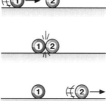

Genauso verhalten sich Neutronen. Will man sie abbremsen, sollte man dafür Materialien nehmen, die die gleiche Masse haben wie die Neutronen. Wassermoleküle bestehen aus einem Sauerstoffatom und zwei Wasserstoffatomen. Die Wasserstoffkerne enthalten nur ein einzelnes Proton, das ungefähr die gleiche Masse hat wie ein Neutron. Stößt also ein Neutron zentral mit einem Wasserstoffkern zusammen, wird es beinahe vollständig abgebremst.

96. Verkürzung der Halbwertszeiten

Die radioaktiven Kerne haben im Mittel eine Halbwertszeit von etwa einer Milliarde Jahren. Deshalb braucht der menschliche Körper nur die Energie von 10 000 Zerfällen pro Sekunde zu verkraften. Bei einer Halbwertszeit von einer Sekunde würden aber innerhalb einer Sekunde mehr als 10^{20} Kerne zerfallen. Dadurch würde eine so große Energiemenge freigesetzt, dass die Körpertemperatur auf ungefähr 80 °C anstiege, was für den Menschen tödlich wäre.